JN102236

学習英文法拡充ファイル

開拓社
言語・文化選書

88

学習英文法拡充ファイル

千葉修司 著

開拓社

は じ め に

　本書は，千葉（近刊）の姉妹編として準備された原稿を基に編纂したものである。千葉（近刊）は，中学・高校での英語教育を通して身につけた基本的文法知識を基に，それをさらに拡充・応用させた英語力を身につけたいと願う英語学習者に役立つようにと企画・準備された学習英文法書の一つである。一方，本書のほうは，その姉妹編とはいえ，一般の学習英文法の解説書とは異なり，文法を中心とする英語学研究の一部として日頃筆者が書きためてきた文法ノートを基に編纂したものなので，むしろ，一種の英語学研究論考とでも呼べるような内容になっている。筆者の狙いとしては，千葉（近刊）の姉妹編よろしく，本書が上級学習英文法の参考書として英語学習者にいささかなりとも役立ってほしいというところにある。取り上げたテーマは，大部分が，それぞれ独立した内容のものとなっているが，いずれも，筆者が日頃，少なくとも一段上の英語力を目指す学習者には必要だと考えているような英語の事実や文法事項の中から選んだものである。

　本書に取り上げたテーマの中には，すでに出版された筆者の英語学研究の論文や書物の中から抜き出して紹介したものも含まれているが，それらも，特に上級英語学習者にはぜひ身につけてほしいと思われる種類の内容を含んでいるので，重複するところがあるにもかかわらず，あえて本書に取り入れた次第である。たとえば，「時制と『時制の一致』」については，すでに千葉（2018）として上梓したものの中に含まれている内容になっているが，そ

のポイントとなる部分を学習英文法の形で示すことで，英語学習者に役立つと思い，このテーマを本書に含めたものである。また，「日英語指示詞の用法の違い」も，大学紀要の中の論文としてまとめた千葉・村杉（1987）に基づくものであるが，一般の読者の目にも留まるようにと，内容の一部を本書に紹介したものである。さらに，「否定疑問文と付加疑問文」および「平叙疑問文と簡略疑問文」は，1997 年度の科研費研究成果報告書の一部としてまとめたもの，および筆者の論文（1998b）の中のデータに基づいた章となっているが，一般の英語学習者にも役立つようにと本書の一部として取り入れてある。

　本書に取り上げた残りのテーマについて，以下，簡単に要点をまとめておこう。自動詞の中で「非対格動詞」と呼ばれる種類の動詞の正しい使い方を英語学習者が習得するには，かなりの学習経験と時間を要することが知られているが，「非対格動詞と受け身文」の章は，日本人英語学習者の特に陥りやすい誤りについて，具体的な誤りの例を挙げながら解説したものである。

　「raise の自動詞用法」の章は，一般にはあまり気づかれることのない，動詞 raise に自動詞としての用法があるということをテーマとしている。言語学研究の中で，特に変形文法あるいは生成文法と呼ばれる研究分野を学習すると，関係する論文や研究書を読んでいくうちに，用いられている英語表現の中に，このraise を自動詞として用いた英文を見つけて，最初，意外な感覚に襲われる日本人は多いことであろう。詳しく調べてみると，イギリス英語とアメリカ英語で用法が異なることや，歴史的変化についても興味ある事実が見られることがわかってくるのである。

　「I and NP の語順」の章は，中学・高校での英語学習において，

基本的な文法事項の一つとして身につけることの多い規則，すなわち「他の代名詞や名詞と並べる場合，通例Iは最後に置く」という規則に関して，思わぬ落とし穴があるので気を付けなければならないということを解説している。

「代名詞と先行詞の語順」は上記の文法研究，すなわち変形文法あるいは生成文法では早い時期から知られていた代名詞に関する研究テーマの一つである。ただし，特に代名詞のほうがそれを受ける名詞句より先の語順を占めるような用法があるということについては，日常よく用いられる英語表現の中に見られる用法であるにもかかわらず，英語学習者の共通の英語知識になっているとは言えない。これも重要な文法事項の一つに数えることができるであろう。

「not to 不定詞／to not 不定詞の語順」の章は，比較的よく知られた，不定詞の否定文に見られる not と不定詞の語順に関するものである。時の流れに伴う英語の変化の一つとして，その語順にも変化が生じてきているという言語事実に学習者の注意を促したいと思い，ここにまとめたものである。

「please の注意すべき用法」は，英語母語話者が日常的に用いている副詞および感嘆詞としての please には，日本語の「どうぞ」の用法をもとに推測することでは正しく理解できないような英語の用法が見られるということを，いろいろなデータを挙げて解説した章となっている。

「seem／look／sound like」の章では，これらの動詞に見られる不定詞用法と that 節を従える用法との関連性，ならびに動詞 seem の部分を seem like／look like／sound like に置き換えた構文に見られる特徴について概観する。さらに，「再述代名詞（resumptive pronoun)」として知られる現象に加えて，筆者が「再述の that (resumptive *that*) と呼ぶ興味ある現象についても紹介する。

　「名詞句＋動詞の過去分詞」の章では，この構文として用いられることの多い他動詞の受け身用法としての過去分詞の他に，自動詞の中の特に非対格動詞の過去分詞が用いられるような場合があり，この用法はとかく見落とされる傾向があるので，特に注意を要するということに学習者の目を向けさせることを主な狙いとしている。

　英語の表現 "powers that be" は，「お歴々」の意味のイデオムとして用いられる表現であるが，この表現を見出しとするこの章は，「このイデオムに用いられている be 動詞はそもそも何者であるのか」という興味ある問題に英語学習者をお誘いしようとの目的で企画されている。

　関係代名詞の基本的用法の一つとしておなじみの The house the roof of which is green is my uncle's. のような文に用いられている関係代名詞の部分 the roof of which の前および green の後ろには，普通コンマが必要であるとされる。その理由として「非制限的用法であるから」というような説明がなされることがあるが，その説明には説得力に欠ける点が見られる。どうしてであろうか。「非制限用法の関係詞節とコンマ」と題するこの章では，この種の関係詞節の用法に焦点を当てて，言語事実の観察を深めるとともに，上記の問題について考察する。

　英語の命令文の用法ついて，基本的な部分に関する知識の他に，さらに上を目指した英語の知識も必要であろうと考え，「命令文とその周辺」の章を用意した。日常的に用いられる英語表現

の中には，たとえば You don't want to open the box.（その箱を開けてはダメ）のように，一種の命令文としての働きを持った表現を見出すことができる。この章では，このような英語の事実をも含め，英語の命令文についてもっと知りたいと願う学習者ための解説を提供している。

　英語を幅広く学ぼうとする学習者にとって，英語の「生きた姿」についての知識も不可欠となる。「could / would / should of = could / would / should have——仮定法に見る新しい動き」の章では，英語の仮定法過去（完了）の口語的用法に見られる最近の英語の変化を取り上げ，言語変化の最前線に分け入ってみたいと思う。

　英語の事実を深く観察すると，単に類推的に捉えることのできないような現象が多々あることに気付くはずである。「『隣接性』がかかわる現象」の章は，筆者が日頃，不思議な現象の一つとして感じているいくつかの英語の用法を「隣接性」の観点から捉えてみたいと思いつき，これをまとめた論考となっている。

　日頃私たちが接している英語の文章の中には，相関接続詞 (just) as … so … を用いた構文の種類として，意外と多くの変異形が認められるということに気が付いたのがきっかけで，筆者は関連する構文の種類とその歴史的変遷の模様を探ってみたことがある。その研究の経過報告としてまとめたのが「Just as … so …とその仲間たち」の章である。論考を進めていくうち，「動的文法理論 (dynamic model of syntax)」（Kajita (1977)，梶田 (1985)）との重要なつながりも見えてくるので，その理論の持つ重要性についても簡単ながら紹介するのが本章の狙いとなっている。

　学習英文法の上級編としての本書は，以上に挙げた 18 の章から構成されている。おそらく，英語学習者の多くは，基本的な用法に関する英語の知識だけでは，英語母語話者が日常用いている英語を正しく理解したり，自分でも同じように用いたりすることができるようになるには十分ではないということを，日頃切実に感じておられることであろう。本書に取り上げた各種の話題に関する英語の知識を吸収することにより，学習者の英語力向上に少しでも役立つことがあれば幸いである。

　いつもながら，本書の出版を快く引き受けてくださった開拓社と，原稿査読の段階から出版に至るまでいろいろとお世話くださった川田賢氏に心より感謝申し上げたい。

　2021 年 3 月

千葉　修司

目　　次

第 1 章　非対格動詞と受け身文

　動詞の種類は，目的語を取るかどうかの違いにより，他動詞と自動詞に大きく分けることができる。ただし，自動詞の中には，その主語がまるで目的語であるかのような働きを持った自動詞，すなわち，「非対格動詞」と呼ばれるもの（e.g. appear, arrive, begin, drop, exist, fall, happen, lack, last, occur, remain）が含まれているので，注意が必要である。

　非対格動詞は，もともと主語が欠けていて，さらに，他動詞のように目的語を備えていたものに変化が加わった結果，その目的語が主語の位置に移動して，表面的に「主語＋動詞」のような自動詞としての姿をしているものと考えることができる。このような変化を次のように図示することができるであろう。

　(1)　[_NP e]　V　NP　⇒　NP　V

　すなわち，この図式は，最初，動詞（V）の主語の名詞句（NP）の中身が空（empty, e）で，目的語としての名詞句を備えていた

1

ものに，その目的語が主語の位置に移動するという変化が生じることを表している（もともとの構造のことを「D構造」と呼ぶことがある）。

　一方，最初から，目的語が欠けていてNP＋Vの姿をしていると考えられる自動詞，いわば，純粋な自動詞とも言える「非能格動詞」と呼ばれる自動詞（e.g. bark, cough, cry, dance, laugh, think, sleep, swim, talk, walk, weep）も存在する（非対格動詞および非能格動詞の具体例についてさらに詳しいリストについては，この章の最後に挙げることにする）。

　このように，自動詞と他動詞の性質を併せ持つと言える非対格動詞は，そのためか，英語学習者にとって習得するのに困難を感ずることがあることが知られている。たとえば，次の例文に示すように，非対格動詞を普通の他動詞の場合と同じように，受動態の形で表現しようとする誤りがよく見られる。

(2) a. *In the child's early vocabulary, objects words <u>are</u> more frequently <u>appeared</u> than action words.

　　　（子供が早い時期に習得する語彙の中では，行為を表す語よりも物を表す語のほうがより頻繁に現れる）

b. *My daughter seems to believe that Santa Clause <u>is</u> <u>existed</u>.

　　　（サンタクロースは実在すると我が娘は信じているようだ）

c. *It is said that this accident <u>was happened</u> because ….

　　　（この事故は … の理由により起こったものと言われている）

d. *It is important to notice that it <u>was occurred</u> in that specific period.

（それがこの特定の時期に起こったのだということに注目することが重要です）

e. *Images of sounds would be easily remained in the student's brain.

（音のイメージは学生たちの脳の中にたやすく保持されていることであろう）

f. *You will notice that many year-end gifts have been arrived.

（あなたは多くのお歳暮が届いたことにお気づきになることでしょう）

g. *In Black English, the third person singular suffix is lacked, as the following examples show.

（以下の例が示すように，黒人英語には，3人称単数を示す接尾辞が欠けています）

　上で説明したように，非対格動詞には，(1) に図示したような動き，すなわち，目的語を主語の位置に移動させるという動きが含まれているという点で，確かに，普通の受動態の文と似ている性質を持っていることになる。ただし，さらに be 動詞を挿入させるということはないという点で，受動態の文とは明確に区別されることになる。この点が，非対格動詞を習得する上での重要なポイントとなる。

　例文（2a–g）の場合とは逆に，他動詞を受動態の形にして用いるべきところを，誤って，非対格動詞のように用いるという例も，英語学習者にはよく見られるということを指摘することがで

きる。次の例文 (3a–c) 参照。

(3) a. *The Japanese word for "brown" is "chairo," and "cha" also <u>pronounces</u> as "sa".

　　　（英語の 'brown' に対する日本語は「茶色」であり，これはまた「さ」とも発音します）

　　b. *A lot of money will also <u>need</u> in order to realize your plan.

　　　（あなたの計画を実行に移すためには，多額の金も必要となるでしょう）

　　c. ?Restrictive and non-restrictive relative clauses are interpreted differently when they <u>attach</u> to predicate NPs.

　　　（述語名詞句に付くとき，制限および非制限的用法の関係詞節は，それぞれ異なった解釈を受けることになります）

　　cf. No blame <u>attaches</u> to you in this affair.

　　　（このことで，君が咎められることはない）

　このような例文の場合には，おそらく，日本人英語学習者の頭の中で，日本語表現の「のように発音する」「必要となる」「付着する，くっつく」が思い浮かべられているのであろうと推測される。

　次に，上の例文 (2a–g) とよく似た誤りの例でありながら，重要な違いの見られるものを取り上げてみよう。

(4) a. The door *<u>was closed</u>/<u>closed</u> smoothly because Mary had remembered to oil the door.

　　（メアリーがちょうつがいに油をさすことを忘れなかったの
　　で，ドアは簡単に閉まった）

b. This soup *was tasted/tasted good after the cook
　had added some salt.

　　（コックが少々塩を加えると，このスープの味はよくなった）

c. For last 30 years computers have drastically affect-
　ed our life and this will *be continued/continue in
　the future.

　　（ここ 30 年の間，コンピュータが我々の生活に多大な影響
　　を与えてきたが，このことは将来も続くであろう）

d. These observations *are led/led to the formulation
　of the following hypothesis.

　　（こうした観察が元となって，次のような仮説が生み出され
　　るようになった）

　　これらの例文のうち，非文法的文の印（*）のついた受動態動
詞のほうは，いずれも，非対格動詞を受け身文として用いている
という点では，例文（2a-g）の例と同じである。ただし，（4a-d）
の場合は，次のような点で（2a-g）とは異なる，いわば「より高
級な」誤りとみなすことができる種類の例である。すなわち，
（2a-g）は受け身の形で用いること自体が許されない動詞の場合
であったが，（4a-d）の場合は，他動詞用法をも併せ持つ動詞の
例なので，受け身文にすること自体が許されないわけではない。
ただ，このような具体的文脈の中では，非対格構文を用いるのが
正しく，受け身文は許されないということである。それが正しく
判断できるようになるためには，非対格構文と受け身文の持つ微

妙な意味の違いに関する，かなり高度で微妙なところのある文法
的知識を身に付けなければならない。

　同じような観点から，日本人英語学習者にとって，自らが正し
く発話したり書いたりするのに困難を感ずる恐れのあるような非
対格動詞の例文をさらにいくつか挙げておくことにしよう。これ
らの例文は，少なくとも，非対格動詞に関するそれぞれの学習者
の学習到達度を測る上での一つの尺度になるかもしれない。

(5) a.　One question that inevitably arises is how Emily
　　　 compares in language development with other chil-
　　　 dren of her age.
　　　 （このことより必然的に持ち上がる疑問は，エミリーが同じ
　　　 年齢の他の子供たちと比べ，どのような点で異なるであろ
　　　 うかということである）

　　b.　Long lines of people formed at taxi stands in front
　　　 of each station.
　　　 （どの駅の前のタクシー乗り場にも，長い人の列ができてい
　　　 た）

　　c.　Simmer until mixture reduces.
　　　 （混ぜ合わせたものの量が少なくなるまで，ことこと煮ます）

　　d.　Does the new law relate only to theft?
　　　 （今度の新しい法律は窃盗罪にだけ適用されるのでしょう
　　　 か）

　　e.　One type can be used 'both ways round'. "The boy
　　　 was chased by the girl" can 'reverse' into "The girl
　　　 was chased by the boy".

（その規則の一つのタイプは，「どちらの方向」にも用いる
ことが可能です。したがって，たとえば，「その少年がその
少女に追いかけられた」という意味の英文は，（その規則の
適用により）「その少女がその少年に追いかけられた」とい
う意味の英文に「転換」できることになります）

f. Football games often sell out well in advance.

（フットボールの試合は，試合日の遥か前に入場券が売り切
れとなることがしばしばあります）

g. According to the officials, the mother tested posi-
tively for AIDS and was advised not to become
pregnant.

（職員の話によると，その母親はエイズの陽性反応が出たた
め，妊娠を控えるよう助言されました）

h. Much of her analysis would translate rather straight-
forwardly into our approach.

（彼女の分析の多くの部分は，かなりそのままの形で私たち
のアプローチに置き換えることができるでしょう）

　最後に，非対格動詞と非能格動詞をその意味的特徴を基に分類
したものを，Perlmutter (1978: 162f.) に従って，それぞれ代表
的動詞をリストに挙げて整理しておこう。

(6)　非対格動詞

a.　もともとの構造（D 構造）での目的語が意味的に被
動者（Patient）を表す：
burn, fall, drop, sink, float, melt, freeze, dark-
en, die, split, scatter, vanish, disappear, etc.

b. 動詞が存在や出来事を表す：

exist, happen, occur, take place, arise, ensue, result, show up, turn up, vanish, etc.

c. 光，騒音，臭いなど，非意図的な放出を表す：

shine, sparkle, glitter, glow, clang, snap, crackle, pop, smell, stink, etc.

d. はじまり，終わり，継続など，相（アスペクト（aspect））を表す：

begin, start, stop, cease, continue, end, etc.

e. 継続状態を表す：

last, remain, stay, survive, etc.

非能格動詞

a. 自発的，意図的動作・行為を表す：

work, play, speak, talk, smile, grin, frown, think, ski, swim, walk, fight, weep, cry, laugh, dance, whisper, growl, bark, etc.

b. 非意図的な生理現象を表す：

cough, sneeze, hiccough, belch, burp, vomit, defecate, urinate, sleep, weep, etc.

（以上の解説および例文は千葉（1998a）に基づいている。さらに詳しい解説については，高見・久野（2002），Hirakawa（2003）参照。）

第 2 章　raise の自動詞用法

　「非対格動詞と受け身文」の冒頭の部分において，「動詞の種類は，目的語を取るかどうかの違いにより，他動詞と自動詞に大きく分けることができる」のように述べたが，ただし，自動詞・他動詞の違いが，このように単純に記述できるようなものではないということについては，伝統文法の中でも従来から指摘されてきている。伝統文法の中におけるそのような説明の中で，次のような，Poutsma（1926: 45）が挙げている自動詞・他動詞の区別についての解説は，特に興味深いと思われる。

(1) a. "… the floating nature of transitiveness and the various processes by which transitive verbs pass into intransitives and vice versa."

（「他動詞性というものが変動する性質を持っているということ，および，他動詞から自動詞へ，またその逆に自動詞から他動詞へと移りゆくさまざまな過程 …」）

b. "… the distinction between transitive and intransitive is, to a considerable extent, rather a syntactic than a semantic one."

（「他動詞と自動詞との違いは，かなりの程度において，意味的な違いというより，むしろ統語的な違いと言える」）

Poutsma は上記（1a, b）の内容を具体例を挙げながら説明しているが，ここではこれ以上深入りするのを避けて，一つだけ解説を付け加えることにしよう。それは，特に（1a）の中で触れられているように，自動詞・他動詞の区別が時代とともに変化しうるということに関連したことについてである。

1960 年代以降の文法研究の論文の中には，ある文の統語構造を取り上げ，「ある要素がある位置から別の位置に引き上げられる」ことを問題にすることがあるが，そのことを英語で表現するとき，動詞 raise の非対格用法を用いて表すことが多いように思う。たとえば，下記例文（2a）のような文は，変形規則を用いて（2b）のような文に書き換えることができるということを説明するとき，

(2) a. It seems that Susan wants to buy all of those books.

b. Susan seems to want to buy all of those books.

"In example (2a), *Susan* can raise to the position of the subject of the main clause." のような言い方をすることがある。

これは，アメリカ英語の語法としての raise を用いているからであり，イギリス英語の語法に従うと，raise は他動詞として用いるのが原則であるので (cf. Burchfield (1996: 650), Wilson (1993:

359)), "Susan can be raised to ..." のように表現しなければならないことになる。

インターネット上で検索できるアメリカ英語の辞書の一つ "WordReference Random House Unabridged Dictionary of American English ©2020" <http://www.wordreference.com/definition/raise> には，動詞 rise / raise の語法に関する説明の中に，以下のような部分を見いだすことができる。すなわち，

> *Raise* in the intransitive sense "to rise up, arise" is non-standard: *Dough raises better when the temperature is warm. Rise* is almost exclusively intransitive in its standard uses.
>
> （次の例文に見るように，「起き上がる，上がる」の意味の自動詞として raise を用いるのは非標準的用法である：「パン生地は温度が温かいときのほうがよく膨らむ」。一方，rise は標準的用法では，もっぱら自動詞としてだけ用いる）

同じように，別のインターネット辞書 Merriam-Webster since 1828 <https://www.merriam-webster.com/dictionary/raise> の解説によると，自動詞として raise を用いるのは方言であるとの記述が見られる。

このようなことから，現代のアメリカ英語においては，場合によって，非標準的用法または方言的用法とみなされることがあるとしても，raise を自動詞として用いることが行われていることがわかる。

英米語に見られるこのような語法の違いは，Poutsma の言う "floating nature" の表れの一つであると考えられる。すなわち，

OED, 2nd ed. によると，動詞 raise の他動詞用法は 1240 年以来今日まで続いている。一方，その自動詞用法は，それより 200 年ばかり遅れて，1470 年にその初出例が見付かるが，そのおよそ 450 年後（厳密には，1911 年頃以降）にはその用法が廃れていくことがわかる。さらに，raise の自動詞用法に関し，*OED* には「アメリカを除いて現在では廃語」という但し書きがある。

　参考のため，*OED Online* の検索により得られる，raise の自動詞用法についての解説ならびに用例に関する情報を下に引用しておこう（c: L. *circa*「およそ」; a: L. *ante*「〜より以前」; ▶は a1470 が作品の製作年代であることを表す）。

20. *intransitive.*

a. To rise or ascend; to be moved or carried upwards. Also of a storm, a wind, etc.: to rise, to build up. Now chiefly *North American regional* and *colloquial.*

　　*c*1400　　*Bk. to Mother* (Bodl.) 46 (*MED*)　Reise up bi þi loue fro wordlich þinges into contemplacioun and hiȝe þe into hilles.

　▶ *a*1470　T. Malory *Morte Darthur* (Winch. Coll.) 1219 Sir Gawaynes horse feete reysed, and so the horse and he felle to the erthe.

　　1554　　D. Lindsay *Dialog Experience & Courteour* II. sig. K.iii　Quhen Arbates that sycht had sene His corage rasit frome the splene.

　　1654　　E. Gayton *Pleasant Notes Don Quixot* IV. xxii. 273 Iust as imprison'd windes, when once broke forth,

One against the other <u>raiseth</u>.

1727 　　P. Longueville *Hermit* 199　The Creature..launch'd itself into the Pond, but <u>rais'd</u> more easily, which gave him time to take Aim.

1861 　　*Trans. Illinois State Agric. Soc. 1859–60* **4** 102 The milk sours before the cream all <u>raises</u>.

1937 　　J. Steinbeck *Of Mice & Men* 27　The wooden latch <u>raised</u>.

2002 　　*Miami New Times* (Nexis) 29 Aug.　His Brezhn-evian brows <u>raise</u> at the memory.

2006 　　A. M. Foley *Having my Say* v. 28　That day a thunderstorm was <u>raising</u>.

　同じような観点から，基本的ないくつかの動詞について，その自動詞用法・他動詞用法の歴史的考察を試みたものに，北爪 (1992, 1993) がある。自動詞用法・他動詞用法の違いが英米語に見られることを示す他の例については，若田部 (1985: 147–149) 参照。なお，自動詞・他動詞の違いについての伝統文法的記述の例として，Poutsma (1926) のほかに，Jespersen (1927: 319–355)，Curme (1931: 437–443) なども参考になる。(以上の解説は 千葉 (1998a, 注 1) に基づいている。)

第3章　**I and NP** の語順

　一人称代名詞の I とその他の人称の代名詞あるいは名詞を and で結びつけるときには，次の例文に見るように，I を最初に置くと，普通は非文法的文となることが知られている。

(1) a. *I and my wife are a devoted couple.

　　b. *I and Sue prefer Beethoven and Mozart respective-
　　　ly.

　ただし，I を最初に置いた文が，次の例文のように，自然な文となるばかりか，むしろこの語順こそが要求される場合があることに注意しなければならない。

(2) a. When computers were in their infancy, a common
　　　frustration was the error messages they delivered
　　　instead of results. One frequent error that I and
　　　many of my engineering colleagues made (though

we had no excuse to repeat it as often as we did)
was to input a number as a simple integer when the
computer was looking for a number with a decimal
point, or vice versa.

b. Finally, while you read about current events upcom-
ing in the Academy, below, know that <u>I and the en-
tire Academy staff</u> are wishing you a wonderful
holiday season and a productive and fulfilling 2005.

c. One day, a city news editor told me to give full
coverage to the issue in a series of articles, since
there was a high level of interest in the topic in the
Kansai region as well as other areas of the country.
Soon <u>I and other reporters</u> started working on the
articles.

　例文 (2a), (2b) の場合には, many of my engineering col-
leagues and I および the entire Academy staff and I としてもよ
いが, (2c) の場合には, 語順を入れ替えて, other reporters and
I のような語順にすると不自然な文になる。これは, 英語の oth-
er (および, 日本語の「その他の」) の本来の意味を考えてみれば,
other reporters and I の語順が, すくなくともこの文の中では不
自然な語順となることが頷けるであろう。すなわち, other は,
本来, (ほかのものと比較すべき) 何か基準となるものを基にし
て, それに対して「その他の〜」という意味を表すのであるから,
この場合,「その他の〜」のほうを, 基準となるべきもの (この
場合, reporters の一人である「私」) の前に置くのは不自然なこ

とになる。

　例文 (2a), (2b) においては，(2c) の例文のような other という表現こそ用いていないが，下線部は，いずれも，「私自身と，私が属するその特定のグループの仲間たち」のような意味内容を表しているので，この点で，例文 (2a), (2b) の場合も，(2c) の I and other reporters と同種の表現になっていると見なすことができるであろう。なお，I and NP の否定表現である neither I nor NP の場合も，同じような説明が当てはまるので，ここに例文を挙げておこう。

> (3)　She hung up. He dialed a second number. "This is the law offices of Grant Kellogg. <u>Neither I nor any member of my staff</u> are here right now. Our office hours are from 8:30 to 5:00, Monday through Saturday ..."

すなわち，この例文において，下線部の語順を変えた neither any member of my staff nor I の表現は不自然な英語になる。(ここまでの解説は，千葉 (2006: 31-34) に基づいている)

　このように，上記例文 (2a-c) のような場合は除き，(1a), (1b) のような例文の場合は，I and NP の語順は許されないということになる。さらに，between me and NP は OK となり，また me and NP を主語として用いることが方言によっては許される (特に，より口語的な表現として ; e.g. Me and him are good friends／Me, Joan and him are related. (Keyser and Postal (1976: 17)) ので，一人称代名詞を等位構造 (NP and NP) の最初の位置に置くことが英語で一般的に許されないということはできないことに注意したい。したがって，また，問題になっている制約を

「自己謙遜」の表れとみなすような捉え方も，一般的には成り立たないことになる (Long (2011: 195)[1] 参照)。

　目的語の位置および主語の位置に me and NP が用いられた例文を，データベースの NOW Corpus (News on the Web) 検索により，それぞれ，(4a-c) および (5-c) として下に挙げておくことにしよう。

(4) a. My country has taught <u>me and other young Swedes</u> how to persist.

　　b. I thought Canada was the safe place for <u>me and my kids</u>.

　　c. She came into the office the next day, sat down with <u>me and the finance director</u>.

(5) a. <u>Me and Gronk</u> talked about it.

　　b. "<u>Me and Marcus</u> get along great," Carr said.

　　c. <u>Me and my dog</u> were playing and he just scratched me.

　欽定訳聖書 (1611) には，下記例文 (6a), (6b) のように，一人称の代名詞を最初に置く語順が普通に用いられている。これは，そのような語順を示すヘブライ語の慣用が欽定訳聖書作成のときに導入されたためである（詳しくは，千葉 (2013: 178: fn. 34) 参照)。[2]

---

[1] Long は次のように述べている。「学校文法で『自分より他人に譲れ』というマナーの問題として説明されるが，(15) [= *I and Tommy went downtown.] は丁寧さの問題ではなく，非文 [= 非文法的文]」。

[2] (6c) および次の (ia), (ib) に挙げた日本語訳は，新日本聖書刊行会発行

(6) a. I and my Father are one. (John 10: 30)

  b. O my lord, I and this woman dwell in one house.

(1 Kings 3: 17)

  c. And afterward when David heard it, he said, I and my kingdom are guiltless before the LORD for ever from the blood of Abner the son of Ner:

(2 Samuel 3: 28)

（後になって，ダビデはそのことを聞いて言った。「ネルの子アブネルの血については，私も私の王国も，主の前にとこしえまで潔白である …。」）

　ただし，日常用いられている現代英語による翻訳を目指す God's Word Translation (1995) などの翻訳聖書では，次に示すように，語順を入れ替えた表現のほうが多く用いられていることがわかる。

の『聖書 新改訳 2017』による。なお，欽定訳聖書においては，現代英語に見るような NP and I の語順を用いた章句の見られるのは，次に挙げるような数少ない箇所に限られている。

  (i) a. And as touching the matter which thou and I have spoken of, behold, the Lord be between thee and me for ever.

(1 Samuel 20: 23)

（私とあなたが交わしたことばについては，主が私とあなたの間の永遠の証人です）

  b. And when they saw him, they were amazed: and his mother said unto him, Son, why hast thou thus dealt with us? behold, thy father and I have sought thee sorrowing. (Luke 2: 48)

（両親は彼を見て驚き，母は言った。「どうしてこんなことをしたのですか。見なさい。お父さんも私も，心配してあなたを捜していたのです。」）

(7) a. The Father and I are one.

　　b. Sir, this woman and I live in the same house.

　　c. Later when David heard about it, he said, "As far as the LORD is concerned, my kingdom and I are forever innocent of spilling the blood of Ner's son Abner. […]"

第4章　代名詞と先行詞の語順

　名詞表現とそれを受ける代名詞が文の中に現れる語順は,「名詞表現が先で,代名詞がその後」の順になることが多いが,その逆のこともあるので,注意が必要である。ここでは,そのような逆の語順(「逆行代名詞」の用法と呼ぶことがある)となる典型的な場合についてまとめてみよう。

(1) a.　Though <u>she</u> always wanted to become a writer, <u>Susan</u> said, "I never really decided to write for children.

(作家になりたいと常に願っていたけれど,スーザンは次のように述べた。「私は,実際に,子供のために本を書こうと決心したのでは決してありませんでした」)

b.　When <u>he</u> was scolded by his mother, <u>Billy</u> returned the roller skates to Sally.

(母親に叱られて,ビリーはサリーにローラースケートを返

した）

c. As they moved down the back row of the store,
Eeka and her mother came to the corner where the
furs hung.

（店の後ろのほうの商品棚のほうに移動しながら，イーカと
彼女の母親は壁に毛皮製品が掛かっているところにやって
きた）

d. No matter where she goes, Alice does surprising
things.

（出かける先々で，アリスは人の驚くようなことをするので
す）

　これらの例文に共通して見られる特徴は，主節の主語として用
いられている名詞表現を受ける逆行代名詞が，その主節の前に位
置する副詞節の中に現れているという点である。また，従属節の
部分が，次の文の場合のように，分詞構文あるいは関係詞節と
なっていることもあることがわかる。

(2) a. Hoping to catch fish for her hungry family, Calpur-
nia starts on her journey to find the secret river.

（お腹を空かした自分の家族のために魚を捕まえたいと思
い，カルパーニアはその秘密の川を見つけようと旅に出か
けます）

b. In a letter she left for her husband, Amelia Earhart
had spoken about her flight.

（夫に書き残した手紙の中で，アメリア・エアハートは自分
の飛行計画について語っていました）

　さらに，次の例文に見るように，前置詞句や形容詞句が主節の前に置かれる場合にも，逆行代名詞が用いられる。

(3) a. By their nature, huge environmental disasters often have an international dimension.

　（甚大な環境災害は，その性質上，世界的な規模に達することがよくあります）

b. To his surprise, Mr. Chak found out that some Malaysian MPs also conduct similar consultation sessions.

　（マレーシアの国会議員の中にもまた，同じような協議会を開催しようとしている人たちがいることに気が付いて，チャク氏は驚きました）

c. True to its name, Ragged Top scrapes the sky with uneven, rhyolitic projections.

　（その名が示すとおり，「ギザギザが峰」のでこぼこした流紋岩の突出部がいくつも空に向かって伸び，空を削り取ろうとするかのようです）

　興味深いことには，次の例文に見るように，等位接続詞 and や or を用いた等位構文の場合にも，逆行代名詞が用いられることがある。

(4) a. Strike him and John will strike back.

　（あいつのことを殴ってみろ。そうすれば，ジョンはお前のことを殴り返すから）

b. Tell him about it, and Tom is a dead man.

（トムにそのことを言ったら，彼の命はないものと思え）

 c. Follow her, or Alice will abandon you.

  （アリスの後について行きなさい。さもないと，彼女はあな
たのことを見捨ててしまうでしょう）

　これらの文は，命令文の後に and あるいは or で導かれた節が
続き，「〜しなさい，そうそれば …」「〜しなさい，さもないと
…」という意味を表すときに用いる文である。したがって，これ
らの文は，意味解釈としては，命令文の部分を接続詞 if や unless
などで導く副詞節に置き換え，接続詞 and, or を削除した残り
の部分を主節として後ろにつなげた場合の文，すなわち，上記例
文（1a–d）のような文に等しいと言える。このことより，（4a–c）
のような文に見られる逆行代名詞の用法も，（1a–d）の一種に加
えることができるであろう。このような捉え方は，さらに，次の
ような文の場合にも当てはめることができることがわかる。

 (5) a. She was already engaged, or Jane might have ac-
cepted him.

   （そのときジェーンはすでに婚約していたのです。だって，
もしそうでなければ，彼をおそらく受け入れてもよかった
はずだから）

  b. He cannot be in his right senses, or Henry would
not make such wild statements.

   （ヘンリーは正気であるはずはない。そうでなければ，あん
な狂気じみた発言をしないだろうから）

 (6) a. You may think she is a Republican, but Nancy vot-
ed for Humphrey.

（君はナンシーが共和党支持者だと思うかもしれないけど，
彼女，ハンフリーに投票したんだよ）

b. He was well liked by the parishioners, but the priest simply couldn't get along with the bishop.

（教区の人たちからは大いに好かれていたにもかかわらず，
牧師は，司教とはどうしてもうまくやっていけなかった）

c. Everybody calls her a genius, but Betty does not like to be so called.

（みんなから天才だと言われるけれど，ベティーはそう言われるのを好まない）

すなわち，（5a, b），（6a–c）のような文の場合も，意味解釈の上で，例文（1a–d）のような「副詞節＋主節」の構造を持った文に置き換えることができるので，同じように，逆行代名詞を用いることの許される文の仲間入りが可能となると説明できるであろう（詳しくは，千葉（1971）参照）。

「副詞節＋主節」の語順ではなく，「主節＋副詞節」の語順の文の場合でも，次の例文（7a）に見るように，逆行代名詞の用法が見られる場合がある（非文法的文（7b）と比較参照。例文（7a, b）は，荒木（1996: 87）より）。

(7) a. Bill interviewed him when Woodward was in town.

（ビルはウッドワードが街にいるときにインタビューした）

b. *He interviewed Bill when Woodward was in town.

この場合，逆行代名詞が許されるか許されないかを決める重要な違いは，主節において，逆行代名詞が目的語の位置を占めている

のか，それとも主語の位置を占めているのかという点である。

　ところで，これまで取り上げてきた逆行代名詞の用いられている文においては，その代名詞が受ける名詞表現は，いずれも，定冠詞を伴った名詞，あるいは固有名詞（すなわち「定名詞句（definite NP）」）となっていることがわかる。一方，不定名詞句の場合には，次の例文（8b）に見るように，一般的に逆行代名詞は許されないということを指摘することができる（Kuroda（1969: 276））。

(8)　a.　When <u>he</u> entered the room Mary saw <u>John</u> smile.

　　　b.　*When <u>he</u> entered the room Mary saw <u>a salesman</u> smile.

　　　cf.　When <u>a salesman</u> entered the room, Mary saw <u>him</u> smile.

　ただし，不定名詞句の場合でも，次のように，総称的用法として用いられている場合にはこの限りではない（下記例文は，それぞれ，Cormack（1998: 212, 218）より）。

(9)　a.　If <u>they</u> are always the same distance apart, <u>two lines</u> are said to be parallel.
　　　　　（二つの線の間の距離が常に等しいとき，両者は平行であると言う）

　　　b.　If <u>he</u> is hungry, <u>a boy</u> may have a second helping.
　　　　　（空腹なら，男の子はお代わりをしてよろしい）

　さらに，不定名詞句を受ける逆行代名詞の用法が，次のような文（Cattell（1969: 10））においても見られることを指摘することが

できる。

(10) After a walk to his front gate to look in the letter box, a man may report to his wife, "Nothing today," and she may ask, "Nothing at all?"

（家の門のところまで歩いて行って郵便受けの中をのぞいて見て，男は妻に「今日は何もきてないよ」と報告し，それに対して妻は「えっ，まったく何もないの」と尋ねるかもしれない）

第5章　否定疑問文と付加疑問文

(1a–c) のような否定文を疑問文にするときには，それぞれ，(2a–c) のように not を主語の後ろに置くよりも，縮約形を用いて (3a–c) のようにするほうが一般的に好まれる。

(1) a.　John is not running.

b.　John has not been running.

c.　John will not have been running.

(2) a.　Is John not running?

b.　Has John not been running?

c.　Will John not have been running?

(3) a.　Isn't John running?

b.　Hasn't John been running?

c.　Won't John have been running?

(4) a. *Is not John running?

b. *Has not John been running?

c. *Will not John have been running?

また，(2a–c) のような語順の否定疑問文（negative question）をどこか不自然だと感ずる人でも，(4a–c) のように完全に非文法的文であると判断されるような文と比較すると，はるかによい文であるとの反応を示すことが知られている（Akmajian and Heny (1975: 104f.)）。

このような言語事実について，Quirk et al. (1985: 809) の説明によると，(2a–c) のような文は，一般的に文語的な感じを与え，したがって，口語的文としてはふつう (3a–c) のほうが好まれる，ということになる。さらに，Quirk et al. (1985: 809) は，上で非文法的文とされている (4a–c) のような文の場合でも，人によっては，文語調の文として受け入れる人がいるということを指摘している。特に，下記例文 (5a) に見るように，主語が長いような文語調の文の場合には，書き言葉の中で見いだすことがあり，また，この種の語順は，(5b) のように主語を強調するような場合には，文語的コンテクストで用いられることがあると述べている。

(5) a. Does not everything we see about us testify to the power of Divine Providence?

（私たちの周りで目にするものすべてが神の摂理の威力を示しているのではないでしょうか）

b. Did not even a single student come to the lecture?

（生徒が一人もその講義に主席しなかったのですか）

否定疑問文は，次の例文に見るように，感嘆文に等しい働きを

することがあり，その場合は，話し手が感じている強い感情を聞き手も同じように感じているのではないかと問いかけていることになる（cf. Quirk et al. (1972: 401)）。

(6) a.　Hasn't she GRÒWN!

　　　（彼女，なんと大きくなったことでしょう！）

　　b.　Wasn't it a marvellous CÒNcert!

　　　（なんと素晴らしいコンサートだったじゃありませんか！）

　　　[GRÒWN, CÒN が大文字となっているのは，その部分にストレスが置かれることを示し，(ˋ) の記号は，下降調のイントネーションを表す]

　なお，感嘆文とよく似た働きは，否定疑問文としての Yes-No 疑問文だけでなく，次の例文（Quirk et al. (1972: 400)）に示すように，肯定疑問文としての Yes-No 疑問文の場合にも見られる現象である。

(7) a.　ˈAm ˈI HÙNGry!

　　　（ああ，お腹すいたな！）

　　b.　ˈDid ˈhe look anNÒYED!

　　　（あの人なんと当惑した様子に見えたことでしょう！）

　　c.　ˈHas ˈshe GRÒWN!

　　　（彼女，なんと大きくなったことでしょう！）

　　　[(ˈ) の記号は，強調的ストレスを表す。例文 (6) の場合と同じように，下降調のイントネーションで発音されることに注意]

　また，次の例文が示すように，失望や苛立ちの気持ちを表す文

として否定疑問文が用いられることもある（cf. Quirk et al. (1985: 809)）。

(8) a. Can't you drive straight?

（ねえ，ちょ，ちょっと。まっすぐに走れないの）

b. Aren't you ashamed of yourself?

（まったくもう。あんたには，恥というものがないんですか）

否定疑問文は，肯定と否定の入り混じったところがあるので，someone, already, too のような肯定的働きを持った表現が用いられることもあれば，yet, either のような否定的働きを持った表現が用いられることもある。どちらの表現が用いられるかによって，次の例文に見るように，肯定的偏り（positive bias）あるいは否定的偏り（negative bias）の意味がかもし出されることになる（cf. Quirk et al. (1985: 809)）。

(9) a. Didn't someone call last night?

（昨晩，どなたかいらっしゃったんだね）

b. Didn't he recognize you too?

（あの人，あなたのこともわかったんでしょう）

c. Hasn't the boat left already?

（じゃ，船はとっくに出てしまったってことね）

(10) a. Hasn't the boat left yet?

（えっ？ それじゃ，船はまだ出航してないんですか）

b. Didn't he recognize you either?

（ああ，それじゃ，あの人，あなたのこともわからなかったのね）

　上記（9a-c）のような否定疑問文は，次のような，肯定と肯定
を組み合わせたような形の付加疑問文（tag question）の働きと
よく似たところがある（cf. Quirk et al. (1985: 812)）。

(11)　a.　Your car is outSÌDE, ÍS it?
　　　　　（それじゃ，君の車は外にあるんだね）

　　　b.　You've had an ÀCcident, HÁVE you?
　　　　　（それじゃ，あなた，事故に遭われたんですね）
　　　　　[SÌDE, ÀC, HÁVE のように大文字で表記されている部
　　　　　分は，そこにストレスが置かれることを，また，SÌDE,
　　　　　ÀC および ÍS に見られる（ˋ）および（ˊ）の記号は，それぞ
　　　　　れ，下降調および上昇調のイントネーションを表す。ただ
　　　　　し，文末のイントネーションは，ÍS itˎ, HÁVE youˎのよ
　　　　　うに下降調となることに注意]

　上記（11）のようなパターンの付加疑問文は，状況や相手の
言ったことから推測される内容や，今初めて気がついた事柄を表
す文として，oh, so（ああ，それじゃ）などの表現に続けて用いる
ことがよく見られる（下記例文（12a, b）は Quirk et al. (1985: 812)
より）。(12a, c) のように，皮肉を込めた響きを持って発音され
ることもある。[1]

(12)　a.　So THÀT's your little game, ÍS it?

---

[1]　次の例文（Akmajian et al. (2010: 161) より）に見るように，驚きの気持
ちを表すために，？の代わりに！の記号を用いることもある。
　(i)　a.　You know those women, do you!
　　　　b.　Mary left early, did she!

(それじゃ，それがあなたの言うちょっとしたお遊びっていうわけね)

b. So he likes his JÒB, DÓES he?

(それじゃ，彼は自分の仕事が気に入ってるんですね)

c. So I'm stupid, am I?　　　　　　(Pope (1976: 107))

(それじゃ，私はお馬鹿さんってわけなの？)

d. Oh, you're there, are you?

(Robert Bolt, *Flowering Cherry*, Asahi Press edition, p. 8)

(あ！あなたそこにいらっしゃったのね)

　なお Quirk et al. (1985: 813, Note) によると，このような肯定と肯定の組み合わせによる付加疑問文に対して，その反対に，否定と否定の組み合わせによる付加疑問文も，少なくとも理論的には考えられる（下記例文 (13a) 参照）が，実際に用いられる文の中には，これまでのところ，その存在を明確に指摘することはできていないと断っている。ただし，Quirk et al. (1972: 392) は，ごくまれながら，(13b) のような文を見いだすこともあると述べている。また，Cattell (1969: 111) および Jespersen (1940: §25.3₅) にも，それぞれ例文 (13c) および (13d) のような例が引用されている。

(13) a. So he doesn't like his JÒB, DÓESn't he?

　　 b. Oh, so you haven't touched a drop for YÈARs, HÁVEn't you?

　　 c. The concerto wasn't finished, wasn't it?

　　 d. You can't catch me.—I can't, can't I? said Philip.

　しかしながら，Pope（1976: 109）が（14a）の例を挙げて説明
しているように，中には，不自然な文としながらも受け入れる人
もいるが，この種の文をまったく受け付けない人もいるというの
が事実であろう。Akmajian et al.（2010: 160）も（14b）のよう
な例を非文法的としている。

（14）　a.??So you can't do it, can't you?

　　　　b. *Herman isn't threatening to leave, isn't he?

第6章　平叙疑問文と簡略疑問文

　疑問文の種類の一つに，普通の疑問文に見られるような主語と
（助）動詞の倒置をさせないで，平叙文と同じ語順のまま，疑問
文として用いられるようなものがある。これを「平叙疑問文」と
呼ぶ。平叙疑問文には，次のような二つの種類の用法がある。す
なわち，（1a, b）のように，肯定の答えが返ってくることを期待
しながら発せられる場合と，（2a, b）のように，驚きや不信感を
表す働きを持った場合の二種類である。

(1) a.　You are married?

　　　　（あ，それじゃ，あなた結婚していらっしゃるんですね）

　　b.　They have already started?

　　　　（ああそうですか。あの人たち，もう出発したのでしたか）

(2) a.　You are not ready yet?

　　　　（え？　まだ準備できてないって！）

　　b.　His father dead?

（彼のお父さん，亡くなられたんですって！）

　例文 (1a, b) のような場合，話し手はその文によって表されている内容を一応事実として受け止めた上で，確認のために平叙疑問文を用いて質問していることになる。このような場合，文の後ろに付加疑問文 (tag question) を付け加えて，同じような効果を表すことがある。そのときには，例文 (3a, b) に示すように，ふつう，付加された部分を否定文ではなく肯定文のままの疑問文の形にし，下降調のイントネーション（↘）で発音するということに注意したい（第5章「否定疑問文と付加疑問文」参照）。[1]

(3) a. You are married, are you?↘

　　b. They have already started, have they?↘

　一方，(2a, b) のような場合は，感嘆文に近い性格を帯びることになり，これはちょうど，普通の疑問文を，次の例文のように，修辞疑問文として用いたときの働きに似ていると言えるであろう。

---

　[1] 例文 (3a, b) のように，平叙文の後ろに，否定形ではなく肯定形の付加疑問文が続く場合の特徴の一つとして，次の例文のように，「ああ，そうなの／あ，それじゃ」の意味を表す oh, so などの語句を文頭に置くことがよく見られる。また，場合により，皮肉の気持ちを込めたい言い方になることもある。

(i) a. So security is the problem in Afghanistan, is it?
　　　（それじゃ，アフガニスタンでは，警備対策が問題となっているのですね）

　　b. Oh, you're there, are you?
　　　（あら，あなた，そこにいらっしゃったのね）

なお，否定文の後ろに否定形の付加疑問文が続くような文については，第5章「否定疑問文と付加疑問文」参照。

(4) a. Is this your gratitude?

（あんた，これで感謝の気持ちを表したつもりかい，とんでもない）

b. Who cares?（かまうもんか）

　平叙疑問文は，このように，純粋な疑問文ではなく，むしろ肯定的偏りを持つという点で，yes-no 疑問文とはその機能が異なるということになる。平叙疑問文の持つこのような特徴の表れとして，次のような興味深い事実を指摘できる。すなわち，例文 (5a-c) に見るように，any, ever など「否定対極表現 (negative polarity item)」を含んだ平叙疑問文は，普通の疑問文の場合と異なり，非文法的文となる (Progovac (1994: 63))。一方，(5d) のように，肯定的偏りを反映させた something のほうを用いた文は文法的文となる。

(5) a. Mary ate her lunch?

b. *Mary ate anything?

c. Did Mary eat anything?

d. Mary ate something?

（それじゃ，メアリーは何か食べたんですね）

　否定対極表現は，疑問文，否定文や比較文などある特定の統語的文脈に用いられたときにだけ正しい使い方になるという性質がある。英語の否定対極表現の主なものを (6) に挙げておこう（否定対極表現について詳しくは，吉村 (1999) 参照）。

(6) any, ever, either, yet, any more, any longer；care to, bother to, lift a finger, mind, can help -ing,

need：until, etc.

　例文（5b）が非文法的文になるということは，平叙疑問文が上
で述べた「特定の統語的文脈」の一つに該当しないということで
ある。すなわち，すでに上で見たように，平叙疑問文は，働きと
しては疑問文的なところがあるが，純粋な疑問文の場合とは異な
り，同一文の中に否定対極表現を同居させることを許すような文
法的働きが何か欠けていることになる。このような文法的働きの
ことを「否定対極表現を認可する働き」と呼ぶことにしましょう。

　普通の疑問文の場合を例にとって説明すると，疑問文には，疑
問文であることを表す抽象的な要素としての文法的マーカー Q
が背後に隠れて存在すると考えられる。また，この Q は，否定
対極表現を認可する働きを持った要素の一つであると考えられ
る。つまり，たとえば，普通の疑問文 Did you eat anything? は，
文法的に表すと，Q You ate anything? のような姿をしているこ
ととなり，この Q が否定対極表現 anything（の特に any の部分）
の「面倒を見る」，すなわち，それを「認可する」と考えられる。
したがって，(5c) のよう文は，否定対極表現を認可できる要素
Q がその中に（見えない形で）含まれているので文法的文となる
のに対し，一方，(5b) のような平叙疑問文の場合には，そのよ
うな認可要素が欠けているので，否定対極表現 anything を認可
することができず，そのために，非文法的な文となると説明でき
ることになる。

　平叙疑問文は，働きとしては疑問文的であり，また，発音の点
でも，上昇調のイントネーション（↗）を伴って発音されるとい
う点では疑問文の一種と考えることができるが，文法的には Q

が欠けているので，純粋な疑問文とはみなすことができないということである。

平叙疑問文に否定対極表現が含まれていると非文法的文になることを示すほかの例として，次のようなものを挙げることができる（Progovac（1994: 63））。

(7) a. *Mary is eating <u>anything</u>?

b. *<u>Anybody</u> was killed in the accident?

c. *There is <u>anybody</u> you know among them?

d. *John doubts <u>anyone</u>?

e. *You have finished reading <u>any</u> books?

f. *George <u>ever</u> went there?

以上，平叙疑問文は否定対極表現を認可できないということについて説明したが，疑問文の中には，平叙疑問文のように見えていながら，次の例に見るように，否定対極表現を認可できるような種類のものがあるということに注意したい。

(8) a. Mary eating <u>anything</u>?

b. <u>Anybody</u> killed in the accident?

c. <u>Anybody</u> you know among them?

d. John doubt <u>anyone</u>?

e. (Have) finished reading <u>any</u> books?

f. (Have) <u>any</u> questions?

g. <u>Anybody</u> home?

h. <u>Anything</u> else?

i. You <u>ever</u> seen this before?

　これらの例文は，英語の日常会話にしばしば登場する口語的表現であるが，普通の疑問文とは異なり，主語の名詞句や do / be / have などの動詞または助動詞の部分が省略された疑問文なので，「簡略疑問文」と呼ぶことができる。

　例文（8a–i）が示すように，簡略疑問文は否定対極表現を認可できるという事実から，簡略疑問文には，純粋な疑問文の場合と同じように，疑問文としての文法的マーカーとしての Q が含まれていて，これが否定対極表現を認可しているに違いないということになる。

　このように，どちらも疑問文の一種のように見える平叙疑問文と簡略疑問文との間には，否定対極表現を認可できるかできないかに関して大きな違いが見られることが理解できるであろう。さらに詳しい解説については，千葉（1998b）参照。

　なお，次のような簡略疑問文は，be 動詞と共に主語の you も省略できるということを示している。

(9)　a.　(You) running a fever?（= Are you running a fever?)

　　　b.　(You) finally rich now?（= Are you finally rich now?)

　　　c.　Satisfied?（= Are you satisfied?)

　　　d.　(You) gonna leave soon?　[gonna = going to]
　　　　　（= Are you going to leave soon?)

　　　e.　(You) sposta do that?　[sposta = supposed to]
　　　　　（= Are you supposed to do that?)

このような場合，主語の you が消去できるのは，be 動詞も一

緒に消去される場合に限られるということが，次の例文からわか
るであろう（例文 (9), (10) は Akmajian et al. (2010 : 289) より）。[2]

(10) a. *Are running a fever?

b. *Are finally rich now?

c. *Are satisfied?

d. *Are gonna leave soon?

e. *Are sposta do that?

---

[2] 下記例文のような簡略疑問文の場合には，主語 you の部分だけを省略す
ることができるということにも注意したい。

(i) Don't have time to read every Greater Boston casino story? (*The Boston Globe*, View web version, 11 Jan. 2019)

（大ボストン地域にできるカジノに関する記事すべてを読んでいる
時間はないっておっしゃるんですか）

第 7 章　**not to 不定詞／to not 不定詞の語順**

　不定詞の否定形は，例文（1a–c）に見るように，not を to の前に置く語順を用いるのが一般的である。

(1)　a.　After the interview she was released with a warning <u>not to</u> do it again.

　　　　（職務質問の後，「二度とそんなことはしないように」との警告付きで彼女は釈放された）

　　b.　They agreed <u>not to</u> disturb her while she worked.

　　　　（彼らは，彼女が仕事をしている間は邪魔をしないということを承知した）

　　c.　Anne decided <u>not to</u> go to London this summer.

　　　　（アンは今年の夏はロンドンに行かないことにした）

　ただし，これが正しい唯一の語順というわけではない。個人差および方言上の差は見られるが，to not do／to not disturb／to not go のように，not と to の位置が（1a–c）に見るのとは逆に

なることもある。次のような例を参照。

(2) a. It's in our interest to not have additional nations get
control. (Tibbert (1969: 65))

（さらなる国々が支配権を握ることのないようにすることが
我が国のためになる）

b. He asked you to not talk to strangers.

(Huntley (1984: 116))

（見知らぬ人に話しかけないようにと彼はあなたに頼みまし
たね）

c. She is believed to not be a Catholic.

(McCawley (1998: 572))

（彼女はカトリック教徒でないと信じられています）

この辺の事情を McCawley (1998: 625, note 2) は次のように
説明している。

Forms with not to and with to not are both fairly com-
mon in to-infinitive forms of negative clauses; there is
considerable dialectal and personal variation with regard
to which form is preferred, with strong prescriptive pres-
sure in favor of not to.

（否定節における to 不定詞の形式としては，not to と to not が
共にかなり普通に用いられている。どちらの形式が好まれるかと
いうことに関しては，かなりの方言差および個人的変異が見られ
るが，not to のほうを好むような方向に規範的圧力が強く働いて
いるというのも事実である）

すなわち，伝統的な学校教育などの影響を受けて，「not to だけが正しい」というように思い込んでいる人たちが現在もかなりの数存在することも事実であるが，実際に用いられている用法をつぶさに観察してみると，両方の形式が同じ程度に広く用いられていることがわかるということになるであろう。しかしながら，私たち英語学習者としては，not to の語順のほうだけを使って英語を書いたりしゃべったりするので十分である。

なお，Curme (1931: 133) は，次の例文 (3a, b) に見るような，to not の語順が用いられるようになった 1930 年代当時の「新しい傾向」について，(4) に挙げるような解説を加えている (cf. Chiba (1987: 179, note 5))。このことは，問題となっている語順に関する語法上の変化がいつ頃から見られるのかを知る上で，大変興味深いと思われる。

(3) a.　There can be nothing to—to not talk between you and me, dear mother.　　　　　(Curme (1931: 133))

(お母様，お母様と私の間で話し合うことのできないことって何にもあるはずはありませんわ)

　b.　He claims to have not seen her before.

(Curme (1931: 134))

(彼女にこれまで会ったことはないと彼は主張している)

(4)　"The drift of present usage is evidently in this new direction, though it is not yet so strong as in the case of other sentence adverbs, where it has become very strong."

(「[1930 年代当時において (千葉)] 現代の用法に見られる推移

　　は，明らかにこの［to を not の前に置くという（千葉）］新し
　　い流れに沿ったものとなっている。ただし，not 以外の文副詞
　　の場合には，この傾向がかなり強くなってきているのに対し，
　　not の場合には，現在はまだそれほどではないと言えるであろ
　　う」）

　Not や never などの副詞をこのように to の後ろに置く新しい
傾向について，中尾（2003: 35）は，20 世紀の後半から見られる
現象であると述べている。

第 8 章　**please の注意すべき用法**

　日本語の「どうぞ（〜してください）」「（よろしかったら）どう
ぞ」に相当する英語の間投詞，副詞あるいは「丁寧さの談話標識」
（秋元（2020: 154）参照）としての please は，もともとは，「誰々
に喜びをもたらす，誰々の希望にかなう」という意味の動詞用法
としての please に由来する。すなわち，文語調の表現で，仮定
法現在動詞としての please を用いた If it please you（もしよろし
ければ）あるいは，現代英語として今でも用いることのある May
it please you.（どうか，（それが）あなたのご意志にかないますように）
のような，一種の願望を表す文の中に用いられる please に由来
する。それが，(it) please you（= may it please you; be pleased;
wish）のような一種の祈願文ないし命令文的表現を経て，さらに
その後，間投詞的あるいは副詞的な用法として単独で用いる
please へと変化したものである。

　このことを Brunner（1962）（松浪有ほか（訳）『英語発達史』
p. 668）は次のように説明している。

please「どうぞ」もまた可能的条件節における願望法にさかのぼる。完全な形はフランス語 s'il vous plaît に対する if it please you で，それの代りに 15 世紀以来 please you または may it please you（あるいは pleaseth you therefore to sit down to supper (Lyly, Euphues) におけるように直説法で）が用いられ，その後変化して人称動詞として you please そしてそれから命令法 please が派生した。

　「人称動詞（personal verb）」は「非人称動詞（impersonal verb）」と対をなす文法用語である。非人称動詞は，古英語（449-1100）を始めとする古い時代の英語に用いられていた一群の動詞のことで，松浪（1995: 26）によると，「普通の動詞と違って主語をもたず，かわりに意味上の主語として対格もしくは与格，動作の対象として属格の名詞・代名詞（あるいは不定詞，節など）をとる」動詞である。主語として形式主語の it を用いることもある。したがって，上の引用箇所に出てくる例文 if it please you, may it please you, pleaseth you therefore to sit down to supper（では，どうぞ夕食の席におつきください）は，非人称動詞としての please, pleaseth（＝pleases）を用いた文だということになる。それに対し，例文 you please の場合は，主格代名詞の you を主語としていて，普通の動詞と同じ用い方をしているので，この場合の please は「人称動詞」ということになる（e.g. Just do as you please.（どうぞお好きなようにおやりください）／Pass me the salt, if you please.（すみませんが，塩を回してくださいませんか））。

　また，「命令法 please」というのは，ここでは，間投詞的ある

いは副詞的用法の please（すなわち，日本語の「どうぞ」に対応
する please）の用法のことであり，動詞 please の祈願文的用法
（「どうぞ，それがあなたのご意志にかないますように」のような
意味で用いた please の用法）のことを言う。文法用語「命令法
（imperative mood）」は，法（ムード，mood）の一種で，命令・
要求・依頼・願望などの意味を表す動詞の形態ないし用い方を言
う。法には，ほかに，直説法，仮定法（叙想法，接続法），願望
法などがある。

　学習英文法の中では，まず下記例文（1a-c）のように，日本語
の「どうぞ」に相当する please（すなわち，命令文や，依頼を表
す疑問文の中に please を用いる用法）の習得から初めて，次に，
従属節の中に please を用いる用法へと学習段階を進めていくのが
よいであろう。後者の用法としては，下記例文（2a, b）や（3a, b）
に見るような，それぞれ，仮定法現在動詞[1] および can, could,
would などの法助動詞と共に用いる用法,[2] さらには，例文（4a,

---

[1] Curme（1931: 132）によると，下記例文のように，please を用いた普通
の命令文の場合の please そのものも，may it please you の意味の文副詞
（sentence adverb）として用いた仮定法動詞であることになる（Chiba（1987:
167）参照）。（文中に（pause）とあるのは，発音するときには，その位置に
ポーズを置くという意味である。）

   （i）a.　Please（pause）go and order a cab!

      b.　Go and order a cab（pause）, please!

[2] 小西（1989: 1400f.）は，please が間接疑問文の中で用いられることがあ
るとして，次のような例を挙げている。

   （i）a.　I asked him whether he would please leave the room.

       （私は彼に部屋から出て行ってくださいませんかと頼んだ）

      b.　He asked John if he would please play the piano.

       （彼はジョンにピアノを弾いてくれないかと頼んだ）

b) に見るように，不定詞と共に用いられる用法などがある。

(1) a. <u>Please</u> open the door./Open the door, <u>please</u>.

   b. Listen <u>please</u> to the first four bars of this music.

   c. Can we move on <u>please</u> to page ten?

   d. Would you <u>please</u> speak a little louder?

(2) a. We ask that you <u>please</u> set aside the time to complete the questionnaire.

   （少々時間をとって，このアンケートにお答えくださいますようお願いいたします）

   b. We request that all parents <u>please</u> bring a blanket because we will have to sit on the gym floor.

   （[雨天の場合は] 体育館の床にお座りいただくことになりますので，ご父兄の方々は，どうぞ毛布をご持参くださいますようお願い申し上げます）

(3) a. I asked him in my most friendly manner if I can <u>please</u> remain longer.

   （どうかもう少し長く滞在させていただくことはできないでしょうかと，私はできるだけ親しさを込めて彼に聞いてみた）

   b. I begged in very clear English if they could <u>please</u> move me down to a Level One class.

   （どうか私をレヴェル1の初級コースのクラスに格下げしてくださいませんかと，私は大変明瞭な英語で懇願してみた）

(4) a. I want you to <u>please</u> close the door.

   （どうぞドアを閉めてください）

b. The man asked me please to pass the salt.

（「すみませんが，そこの塩をこちらに回してくださいませんか」とその男は私に頼んだ）

c. I urge you to please vote 'for' the Academy's future on your proxy ballot.

（どうか，当学会の将来のために，皆様の委任投票において賛成票を投じてくださいますよう，切にお願い申し上げます）

　後者のグループとして挙げた例文 (2)–(4) の特徴として言えることは，主節の動詞として ask, beg, request などが用いられていることからもわかるように，(1) の例文同様，丁寧な尋ね方や頼み方を表す表現となっているということである。主節の動詞の例としては，ほかに tell, want, urge, would like, would encourage などがある。

　例文 (2a, b)，(3a, b)，(4a–c) の場合の please は，always, actually, usually などと同じように，文法的には，動詞あるいは動詞句を修飾する副詞として用いられていると言えるが，下記例文 (5a, b) のように，please を重ねて用いたり，従属節（不定詞）内の文末の位置に置くことがあることからもわかるように，意味上の働きとしては，Please open the door. に見るような間投詞的働き（日本語の「どうぞ」に相当する働き）が込められていると受け取ることができるであろう（さらに詳しくは，Chiba (1987: 166, n. 5) 参照）。

(5) a. I asked the chief editor to please, please, give the science staff some words of appreciation.

（私は編集長に，「どうぞお願いですから，科学スタッフの
皆さんに，いくらかでもねぎらいの言葉をかけてやってく
ださいませんか」と頼んだ）

b. He'd begun asking the people around him to cheer
   him up, make him feel better, <u>please</u>.

（「お願いですから，私を元気づけて，気分がよくなるよう
に仕向けてください」と，彼は周りの人たちに頼み始めて
いたのだった）

なお，please と to との語順については，例文（4a, b）に見る
ように，to please, please to いずれの語順も用いられることに
注意したい（第 7 章「not to 不定詞／to not 不定詞の語順」参照）。

次に，please の用法について *OED*, 2nd ed. の解説，および
OED Online その他インターネット検索などにより得られる情報
について触れておきたい。

OED, 2nd ed.（s.v. *please, v.* II. 6. c）は，may it please you,
if it please you, if you please の意味の please（すなわち，
please! のように表記することのある「命令文的ないし祈願文的
（imperative or optative）用法の please」）の用例として，Please,
may I go out? May I come in, please? Come here, please; Give
me my hat, please; Please, Sir, did you call? Shall I ring the
bell? Yes, please. Will you, please, take a message for me? を
挙げている。（この用法の please は，その後利用可能となった
OED Online では，「副詞および間投詞」としての独立した別項
目として分類されることになるが，この 2nd. ed. では，動詞
please の中の一用法として扱われている。）この用法の説明を与

えたあとで，「しかしながら，不定詞が後ろに続く場合の please
の意味は，下記例文 (6a-c) に見るように，'be pleased'［すなわ
ち，「喜んで／親切に … する」のような意味］になる」という趣
旨の解説を加えている。

(6) a. Please to excuse my keeping you waiting.

　　b. Please to return the book soon.

　　c. Please not to lose it.

このような命令文的・祈願文的 please の用法について，*OED
Online* (s.v. *please*, v. II. 6. d) は，「もともとスコットランド英
語に由来し，以前は，to 付き不定詞のほか，to のない不定詞
(bare infinitive) や that 節などが後ろに続くこともあったが，今
では to 付き不定詞だけが（それも，主に特定の地域だけで）用
いられている」という趣旨の説明を加え，さらに，原形不定詞と
共に用いられる please の用法にてついては，「命令文の主動詞を
修飾し，文頭に置かれる副詞としての発達を経たことにより，今
では，通常，副詞としての扱いを受ける」のような説明が見られ
る。文献からの引用例としては，1543 の初出例をはじめ，13 個
の例を挙げているが，ここでは，そのうち，20 世紀以降の例三
つだけを引用しておこう。

(7) a. There lies your way, please to go away.

　　　　　　　　　　　　　　　　　(1926 *N.E.D.* at Way sb.[1])

　　b. Please to shut up!　　　　　　(1973 *Punch* 3 Oct.)

　　c. Please to keep quiet and mime the songs, chile.

　　　　　　(P. Melville *Ventriloquist's Tale* (1998) II. 140)

　小西（1989: 1396）も「まれに to 不定詞とともに用いられることがある [Fries, *Grammar*, p. 131]」として，次のような例文を挙げている。

　　(8)　Please to look in this affair.
　　　　（この件についてちょっと調べてください）

　一方，インターネットの Merriam-Webster <https://www.merriam-webster.com/dictionary/please> も，このような please の用法（すなわち，'to have kindness' の意味を持つ自動詞 please の用法）について，Charles Dickens からの用例（will you please to enter the carriage）を挙げて説明しているが，ただし，このような用法は，現代では古語的（archaic）語法であると断っている。*Shorter Oxford English Dictionary* (on CD-ROM, Version 3.0, s.v. *please*) や『小学館ランダムハウス英和大辞典』第 2 版（s.v. *please*, v. i. 3）などにも同じようなコメントを見いだすことができる。

　ところで，インターネットの GoogleBooks Ngram Viewer により，1800 年から 2000 年に至る期間における "Please to" についての使用頻度の変化を示すグラフを調べてみると，19 世紀初めからその後 200 年の間に，Pease to の使用頻度が次第に減少していく様子がわかる。

　同じくインターネットの English Language & Usage: Is "Please to" proper English? のページを閲覧してみると，「"Please to help me" のような表現をときおり耳にするのだが，これは正しい言い方なのだろうか」のような質問に対する，現代英語の使用者（特に，英米人）の反応や，上に説明したような歴史的変化

の様子などがわかり，また，インド英語では，この用法が（現代でも）普通に用いられているという情報も得られ，興味深いと思われる。確かに，Corpus of Contemporary American English, British National Corpus などのデータベースを検索すると，"Please to stand up" のような命令文を用いた例を一部見いだすことができるが，英米人の反応の中には，「この表現は正当なものとは言えない」というような意見が多く見られるのも事実と言えるであろう。

　なお，データベースの検索を進めていくと，Please to … にはもう一つ別の用法があることがわかる。すなわち，"Please [= I'm pleased] to have you here"（ようこそおいでくださいました）や "Please [= I'm pleased] to meet you"（初めまして）のような挨拶の表現を用いる人もいるということがわかる。

　以上，特に please の後ろに（to 付きの）不定詞が続く用法には，現代英語として，一般的に用いられなくなってきているものがあるということについて解説した。ただし，please to が例文（4a-c）のような環境において用いられる用例については，「古語的」や「正当でない」というコメントは当てはまらないということにも留意しなければならない。

第9章　**seem like / look like / sound like**

　次の例文（1a）において，that 節の主語を移動させて主節主語
It の位置に繰り上げ，それと同時に，that 節の動詞を不定詞に
変えると，（1b）のような構文の文が得られることがわかる。

(1) a.　It seems that Beth likes this kind of candy very
　　　　 much.
　　b.　Beth seems to like this kind of candy very much.

このように，従属節の主語を主節主語の位置に繰り上げる働きを
する規則のことを「主語位置への繰り上げ（規則）（raising to
subject position）」と呼ぶ。この規則が適用できる主節動詞の例
としては，seem のほかに appear, prove, turn out などがある。
　この繰り上げ規則によって従属節の主語が移動した後の不定詞
の主語の位置には，（1b）に見るように，少なくとも目に見える
形としては，何も残っていないのが原則である。ただし，文法研
究においては，移動後の位置に，その「痕跡（trace）」を示すた

めに，記号 *t* を書き入れて，下記例文（2）のように表示することがある（千葉（近刊：3.10節）参照）。

　(2)　Beth seems *t* to like this kind of candy very much.

　したがって，下記例文（3）に見るように，この痕跡 *t* の位置に代名詞 she／her など，目に見える形の主語を置くことは許されない。

　(3) *Beth seems (for) {she／her} to like this kind of candy very much.

　このことは，従属節の部分が，例文（3）のように，不定詞になっている場合だけでなく，下記例文（4）に見るように，that 節のままになった文の場合にも当てはまることがわかるであろう。

　(4) *Beth seems that she likes this kind of candy very much.

　例文（3）と比べ，例文（4）のような誤りは，英語学習者に比較的よく見られる誤りの一つと言えるであろう。次の例文は，そのような誤りの実例の一つである。

　(5) *Why-questions seem that those are so complex and difficult for children.
　　　（why で始まる疑問文は（母語話者としての）子供たちにとって，大変複雑で習得が難しいようだ）

　興味深いことには，上に述べたような seem 構文に見られる誤

りは，動詞 seem の部分を seem like, look like, sound like に置き換えた構文の場合には，誤りの文とはならず，日常的によく用いられる口語的表現の中に見いだすことができるということに注意したい。以下に挙げる例文 (6a–c), (7a–c), (8a–c) は，データコーパスの一つ "The TV Corpus" (https://corpus.byu.edu/tv/) からの引用である。

(6) a. Mon-El seems like he really cares about you. [care about = like]

b. Wow, this Benjamin seems like he's pretty cool, you know.

c. Rebecca seems like she's mad at me.

(7) a. You look like you've seen a ghost.

b. Do you write? You look like you write.

c. I don't want to look like I'm trying too hard.

(8) a. Oh, sometimes you still sound like you're an eight-year-old.

b. You sound like you're outdoors. Are you staying out of the sun?

c. They sound like they're having a lot more fun than we are.

このように，ある要素が移動した後の痕跡 t の場所に，you, I, they などのような目に見える形の言語表現が収まっているように見える構文の文によく似た構造を持つことのある文として，次に取り上げる関係詞節の場合を考えてみたい。まず次の例文 (9) の観察から始めよう。

(9)　They are looking for a 16-year-old boy who they sus-
　　　pect *t* attacked the old man.

　この文において，痕跡 *t* は，関係代名詞 who が関係詞節の中
でもともと占めていた場所を示している。この場合，痕跡 *t* の位
置に，目に見える形の言語表現，たとえば，代名詞 he を置くと，
下記例文 (10) が示すように，非文法的文となることがわかる。

(10)　*They are looking for a 16-year-old boy who they sus-
　　　pect he attacked the old man.

　ところが，梶田 (1980: 88) が指摘するように，構文がこみ
いっていて関係詞節の中での関係代名詞の役割りがわかりにくい
とき，その役割に合う位置に人称代名詞を補うことがある。具体
例を挙げると，次のような例文に見る関係詞節の例が，そのよう
な場合の一つと言えるであろう。

(11)　a.　Violence is something that there are many Ameri-
　　　　　cans who condone it.
　　　　　（暴力というものに対しては，大目に見るようなアメリカ人
　　　　　が大勢います）
　　　b.　Thackeray had the kindness which I, for one, have
　　　　　never met a journalist who lacked it.
　　　　　［この文の it の部分だけが欠けた文は，もともと Jespersen
　　　　　(1933: 368) より］
　　　　　（ジャーナリストでそのような親切さの欠けた人に私が今ま
　　　　　で一度もお目にかかったことのない，そのような親切さを
　　　　　サッカレーは備えていました）

c. Hello. Our new site is out and you can enjoy it,
    since we like you and you're on our list of people
    who we want <u>them</u> to know about it.

(こんにちは。新しいサイトを公表いたしました。私たちは
あなたのことが気に入っていて，私たちの新しいサイトの
ことをぜひ知っていただきたい方々のおひとりとして手元
のリストにあなたのお名前が上がっていますので，どうぞ，
このサイトをお楽しみください)

d. If your arm fades, you're out. If your leadership
    skills slip, you're out. If you lose your wheels,
    you're out. There are so many factors that if you're
    deficient in any one of <u>them</u>, you may lose your
    life's work.

(もし腕が故障すれば，もうそれでダメになります。もし指
導力が低下すれば，やはり，もうダメになります。推進力
が失われれば，また同じことです。そのどれ一つに欠陥が
生じても，人生をかけた大仕事が失われることになるよう
な要因がこんなにたくさんあるのです)

　このように，痕跡 *t* の位置に代名詞を用いた用法のことを「再
述代名詞 (resumptive pronoun)」と呼ぶことがある。再述代名
詞の現れる文の中には，それを用いなくても自然な文として受け
入れられる文の場合もあるが，中には，それを用いないと，文法
の中に存在する原理や規則に抵触するために，いわば，それを避
ける形で再述代名詞が用いられていると見なすことのできるよう
な場合がある。たとえば，下記例文 (12a, b) は，それぞれ，再

述代名詞の使用が任意的な場合と義務的な場合を示す例となっている（例文 (12a, b) は，いずれも，Hankamer (1971: Ch. 4) より）。

(12) a. The man who John sold the funny money to (<u>him</u>) is following us.

（ジョンがその贋金を売りつけた男が我々の後をつけている）

b. The man who John denies the allegation that he sold funny money to <u>him</u> is following us.

（男に贋金を売りつけたとする申し立てをジョンが否定しているその男が我々の後をつけている）

c. *The man who John denies the allegation that he sold funny money to *t* is following us.

　例文 (12c) は，関係代名詞 who が痕跡 *t* の位置から移動した後，その位置に再述代名詞を用いない場合は非文法的な文となることを示すために挙げたものであるが，この場合，非文法的となる理由としては，「複合名詞句制約 (Complex NP Constraint)」などの一般的制約ないし原理によるものと考えられている。詳しくは，中村ほか (1989, 2001) 参照。

　再述代名詞の名前を借りて Chiba (1987: 175) が "resumptive *that*"（「再述の that」）と呼んでいる現象を最後に紹介することにしよう。すなわち，「補文標識 (complementizer)」の名でも知られる従属接続詞 that についても，再述代名詞と類似の用法が見られるということを指摘することができる。次の例文を見てみよう（(13a) および (13b, c) は，それぞれ，Robinson (2005: 182) および Haegeman (2006: 360) より）。

60

(13) a. When I was signing up for my first courses, fellow students advised me [that [if I thought that I might go on for a doctoral degree after I finished the M. A.] [that I should consider signing up for the year-long course in Old English]] since this was a requirement for the Ph.D.

（私が受講する初年度授業の登録申請をしていると，友達が次のような助言をしてくれた。「修士課程を終えた後，さらに博士号を狙うのだったら，古英語の1年を通しての講座の受講が博士号取得のための必須条件の一つになっているので，そちらを登録することを考えるといいよ」）

b. But I completely understand [that [once they found him] [that his daughter wanted a funeral]].

（しかしながら，いったん彼の遺体が見つかったなら，彼の娘が葬式をしたいと思うであろうということは私にはよく理解できるのである）

c. I feel very strongly [that [if women are experiencing domestic violence] [that they should tell their GP]].

（女性が家庭内暴力の被害に遭ったなら，かかりつけの一般開業医に絶対に報告すべきだと私は思う）

　上記例文において用いられている "… [… [　]] …" の表示は，[　] でくくった一つの従属節の中に，さらに別の従属節がはめ込まれた格好になっていることを表している。最初の従属節の始まりを示す that の存在により，内側の従属節の始まりを示

す that は不要であるようにも思えるかもしれない。しかしながら，これらの文の構造が入り込んでいるので，実際には，二つ目の従属節の部分と残りの部分との文法的関係がわかりにくくなる恐れがあると言える。それを避けるために，再述の that が用いられているものと理解できる。

　文法の一般的な働きとしては，一つの文や節の中に別の文や節をはめ込んだように見える「はめ込み構造」を幾重にも組み合わせたような複雑な格好の文を作り出すことができるのであるが，言語使用の実際の場面においては，内部構造の複雑さのために，文の理解が妨げられることのないよう，適当な処置がいくつか施されることがある。上で説明した再述代名詞や再述の that も，そのような働きを持った，文法上の重要な道具の一つと言えるであろう。

　なお，上記例文（13a-c）に用いられているような副詞節の代わりに，次の例文が示すように，副詞句が前置されている場合にも，再述の that の現象が見られることがあるということを最後に指摘しておきたい。

(14)　"It's important [that, [with a bill of this magnitude], [that we try to get it right, or as close as right the first time]]. And so …," he said. (*The Boston Globe*, Breaking News, 15 June 2017 <BostonGlobe.com>)

　　　（「こんな重要な法案だったら，最初は正確に，少なくとも，できるだけ正確に把握するよう努めることが肝要です。だから，…」と彼は言った）

第10章 名詞句＋動詞の過去分詞

例文 (1a-d) のように，名詞の後に動詞の過去分詞形が続くときは，その動詞は，ふつう，受け身の過去分詞としてその前の名詞を形容詞的に修飾していると解釈することができる。

(1) a. the questions raised（持ち上がった疑問点）

   b. the people involved（かかわりのある人々）

   c. the approach taken（用いられた手法）

   d. those polled（世論調査の対象となった人々）

すなわち，これらの表現は，the questions which were raised のように，関係詞節の内部において，受け身文の be 動詞とその主語としての関係代名詞が省略されてできたものと解釈することができる。受け身文を作ることができるこれらの動詞は他動詞の仲間である。ただし，自動詞の中にも，「名詞＋過去分詞」の形で用いることのできるものがいくつかあるので，特に注意が必要である。次の例文に用いられている過去分詞は，いずれも自動詞

の仲間なので（第1章「非対格動詞と受け身文」参照），受け身の意味に解釈することはできない（例文（2a–c）は Radford（2009: 252）より；（2e）は，Hornstein et al.（2018: 126）の地の文より）。

(2) a. The train arrived at platform 4 is the delayed 8.28 for London Euston.

（4番線に到着しました列車は，遅れていました8時28分発ロンドン・ユーストン行きの列車です）

b. The vice squad arrested a businessman recently returned from Thailand.

（風俗犯罪取締班は最近タイより帰国した会社員を逮捕した）

c. Several facts recently come to light point to his guilt.（最近明るみに出たいくつかの事実が彼の有罪を指し示している）

d. Dozens of people gathered at the scene helped put body parts into blankets.

（現場に集まった何十人もの人たちが，（飛び散った）体の部分を毛布の中に入れるのを手伝っていた）

e. It is Empiricism run statistically amok!

（それは，手のつけられなくなるくらいに統計的処理に偏った経験主義みたいだ！）[1]

---

[1] この場合の run amock の意味は「手がつけられなくなる」で，この例文は，観察される言語データを基に，発見手順に従って深く分析していけば，おのずから，そこに潜んでいる文法が見えてくるという，現代でもよく見られる誤った言語観を批判して，そのような風潮をこのように皮肉っているものと解釈できる。

このような構文に用いることのできる動詞は「非対格動詞」と呼ばれる自動詞の仲間で，（2a-e）に用いられている過去分詞は，受け身の過去分詞ではなく，完了形としての過去分詞である。一方，自動詞の中で「純粋な自動詞」とも言える「非能格動詞」の場合には，（2a-e）の用法は見られない。以下に挙げる，代表的な非対格動詞と非能格動詞の例参照（さらに詳しいリストについては，第1章「非対格動詞と受け身文」参照）。

> (3)　非対格動詞（unaccusative verbs）:
>
>> appear, arrive, arise, come, depart, enter, fall, flee, fly, go, land, return, ride, rise, run, spring, vanish, etc.
>
> 非能格動詞（unergative verbs）:
>
>> bark, cough, cry, belch, grin, growl, sleep, smile, speak, swim, talk, vomit, weep, whisper, etc.

非対格動詞のうち，いくつかの動詞の場合には，このように，完了を表す過去分詞をそのまま名詞の後ろに置く用法が許されることがわかる。

一方，非能格動詞の場合には，次の例文（Radford (2009: 252) より）に見るように，このような用法が許されないことがわかる。

> (4) a. *The man committed suicide was a neighbour of mine.
>
>> （自殺を図ったその男は私の隣人だった）
>
> b. *The thief stolen the jewels was never captured.

（その宝石を盗んだ泥棒は決して捕まらなかった）

　　c. *The man overdosed was Joe Doe.

　　（麻薬を飲み過ぎたその男の名はジョー・ドウだ）

　非対格動詞と非能格動詞の間に見られるこのような違いは，また，動詞の過去分詞が形容詞として名詞の前の位置を占めるような用法が許されるかどうかの違いとしても現れることが知られている。すなわち，下の（5）のリストは非対格動詞の場合で，過去分詞を名詞の前に置いた表現が許されるのに対し，（6）のリストは非能格動詞の場合で，そのような表現が許されないことをそれぞれ表している（Levin and Rappaport（1986: 654）より）。

　(5)　wilted lettuce, a fallen leaf, an escaped convict, a collapsed tent, burst pipes, rotted railings, sprouted wheat, swollen feet, rusted screen, vanished civilizations, a recently expired passport, a failed bank

　(6)　*run man, *coughed patient, *swum contestant, *flown pilot, *cried child, *exercised athlete, *sung artist, *yawned student, *laughed clown

（さらに詳しいデータについては，Chigchi（2017, 2018）参照。）

　また，初期近代英語（Early Modern English, EModE: 1500–1700）以前の古い英語では，特に非対格動詞の中の中核的存在をなすような動詞の場合は，次に挙げるシェイクスピアの戯曲からの例文（7a–c）に見るように，完了形を表す助動詞として，have 動詞ではなく be 動詞を用いる傾向が強いことが知られて

いる。[2]

(7) a. Mistress Page is come with me, sweetheart.

(*Merry Wives of Windsor*, V. v)

(ねえ，雄鹿さん，ページの奥さんもごいっしょなのよ)

b. How chance thou art returned so soon?

(*Comedy of Errors*, I. ii)

(もうもどってきたのか？)

c. She is fallen into a pit of ink.

(*Much Ado about Nothing*, IV. i)

(その子が泥沼に堕ちこもうとは)

現代英語でも，動詞 arrive, come, depart, fall, finish (with), go, grow, rise などの場合には，次の例に示すように，昔の名残とも言えるような完了形の用法が見られる。[3]

(8) a. All hope of finding survivors is now gone.

b. We are not finished yet with the job.

c. The time for ambiguity is long past, the time for clarity is arrived. (Corpus of Contemporary American English)

(曖昧にしておいていいような時代はとっくに終わり，何事

---

[2] 例文 (7a-c) の日本語訳は小田島雄志 (シェイクスピア大全 CD-ROM 版，新潮社) による。なお，英語の歴史において，完了形を表す助動詞 have, be の使用状況がどのような発達過程を経てきたかについて，詳しくは荒木・宇賀治 (1984: 432-433)，水野 (2007) 参照。

[3] 同じような現象がアイルランド英語 (Irish English) にも見られるということについては，Filppula (1999), Hickey (2007), Trotta (2011) 参照。

も明瞭にすることが求められている時代となった)

　したがって，たとえば (2a) の例文の場合も，関係代名詞と助動詞を省略しない完了形の形で表現するとすれば，(9) のように，be 動詞を用いた現在完了の形で表すことができることがわかる。

(9)　The train which is arrived at platform 4 is the delayed 8.28 for London Euston.

　シェイクスピアの *The Merchant of Venice*, IV. 1 に出てくる有名な次のようなセリフにも，例文 (2a-e) と同種の構文が用いられている。したがって，この文の意味は「裁判にやって来たダニエル様，まさにダニエル様だ」のようになる。

(10)　"A Daniel come to judgment! yea, a Daniel!"

　以上のような英語の知識を背景にすれば，イディオム的に用いることのある表現 "a dream come true" が「実現した夢」(すなわち，(長年の) 夢がかなうこと) という意味であり，例文 (2a-e) や (10) と同じ構文になっているということが理解できるであろう (さらに詳しい説明については，千葉 (2013: 158ff.) 参照)。このように，文法的に古い英語の表現が，そのまま現代英語においてイディオム的に用いられることがあることがわかる。もともとの用法を学ぶことにより，英語の理解が深まることが期待できるであろう。

第 11 章　**powers that be**

　表題に挙げたこの英語表現に用いられている動詞 be は，現代
英語の文法の知識を基に考えると，仮定法現在としての原形動詞
の be であろうかと推測されるかもしれない。[1] まず，この表現
を含んだ例文をいくつか見てみよう（例文は，いずれもデータベー
ス Corpus of Contemporary American English より）。

(1) a.　You know what I'm saying?　You can not let <u>the
　　　　<u>powers that be</u> take away your right.
　　　　（私の言うことおわかりでしょう。当局にあなたの権利を奪
　　　　わさせてはいけないのですよ）

---

[1] 問題の be を仮定法動詞とみなしている例の一つとして，Crystal (2010:
165) を挙げることができる。さらに，Shakespeare, *Richard III*, IV. iv. 92 の
セリフ "Where be thy brothers?" に見られるこの「三人称複数直説法現在形
の be」を，Halliday (1952) が仮定法の用法として誤って解説しているとい
うことを大塚 (1956: 13) が指摘している（千葉 (2013: 153, fn. 21) 参照）。

b. For 5 1/2 years, the powers that be in Washington have treated the people of this state with contempt.

（この5年半もの間，ワシントン政府はこの州の人たちを侮りを持って遇してきたのです）

c. Throughout his career he has been willing to take on the powers that be.

（彼のこれまでの経歴において一貫して見られる態度は，権力者を相手にすることにやぶさかではなかったということです）

　もともとの用法を調べてみると，この be は，仮定法ではなく直説法の動詞を用いた表現であることがわかる。現代英語としてはイディオム的に用いられている文語調の表現であるが，現代英語の普通の表現で言い表すとすれば，powers that are; powers that exist（この世に存在する権威，当局，お歴々，権力者）のようになるであろう。古い時代の英語の用法を調べてみると，当時としては，普通に用いられていた英語表現の一つであったことがわかる。そこで，powers that be に用いられている be の用法について，以下，OED, 2nd ed. の解説[2] を基に考えてみよう（以下の記述は千葉（2013: 152ff.）に基づいている）。

　OED, 2nd ed. の be 動詞の項目を調べてみると，そこには，まず，be 動詞の変化形が，「もともと，それぞれ語源的に異なる三つの独立した動詞の変化形，すなわち，語幹 es-，wes- および beu- よりなる動詞の変化形，の統合により出来上がっている」

---

[2] be 動詞の語源，ないし be 動詞の変化形が示す言語発達の模様に関するさらに詳しい情報については，*OED Online* 参照。

という趣旨の説明があり，ついで，以下のような主旨の解説が続いている。

「OE 時代，am の直説法・複数形には，sind, sindon および earon, aron の二種類の形態が存在していたが，後者が用いられたのはアングリア方言に限られていた。その方言では，二種類の形態が併用されていた。このうち，sind, sindon のほうは 1250 年以前にはすでに使用されなくなり，それに代って，南部方言では，be 系統のグループの複数形 beth, ben, be が用いられるようになっていた。その結果，南部および中部方言では，その後何世紀かの間，We/ye/they など複数形主語に対する be 動詞の標準的形態として，beth/ben/be が用いられることとなった。また，南部方言では，直説法・単数形の場合においてすら，be/beest/beth が am/art/is の使用領域を侵し始め，南部方言の話し言葉では，今日，これらの形態が標準形として用いられるに至っている。一方，aron, aren, arn, are のほうは，北部方言おいて生き残り，次第にその勢力を南に伸ばすようになり，そのうちの are に至っては，16 世紀初期に，標準英語の中に登場するほどにまでなった。このことは，標準英語の中で，Tindale がその著作の中で通常的に are を用いていることからも明らかである。Be のほうは，Shakespeare や 1611 年の欽定訳聖書に見るように，16 世紀の終わりまで，その他の変化形と共に使われ続け，今日においても，"the powers that be" のような，16 世紀に起源を持つある種の伝統的表現やお

なじみの引用語句の中に用いられるだけでなく，詩的古語
用法としても用いられている。しかしながら，現代英語に
おける通常の複数形は be ではなく are であり，この変化
形が，仮定法の用法においてさえ，今では be を閉め出す
傾向にある。一方，南部および東部方言の話し言葉におい
ては，"I be a going" や "we be ready" のように，今な
お，単数形としても複数形としても用いられている。」（下
線部は筆者）

　したがって，powers that be に見るような be は，イギリス英
語において，特に複数形の名詞を受ける直説法の be 動詞の一形
態として広く用いられていた時代があったことがわかる。なお，
powers that be という表現は，最初 Tindale / Tyndale がギリシャ
語から英語に訳した新約聖書（1526）の中で用いた彼の英語表現
が，そのまま欽定訳聖書（1611）に引き継がれたものである。
powers that be の出てくる箇所（Romans 13: 1）を欽定訳聖書か
ら下に例文（1）として引用し，その日本語訳を『聖書　新改訳
2017』（新日本聖書刊行会）から引用して示すことにしよう。

(1)　Let every soul be subject unto the higher powers.　For
　　there is no power but of God: the powers that be are
　　ordained of God.
　　　（人はみな，上に立つ権威に従うべきです。神によらない権威
　　　はなく，存在している権威はすべて，神によって立てられてい
　　　るからです）

上に引用した OED の解説の最後の部分にある，「南部および

東部方言の話し言葉においては，"I be a going" や "we be ready" のように，今なお，単数形としても複数形としても用いられている」（下に引用した Trudgill（2004: Ch. 5）の方言地図（Map 5.2）参照）という解説は，そのまま，アメリカ英語の方言，特に黒人英語（African American Vernacular English）方言の特徴としても当てはまる事実である。

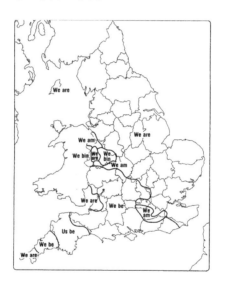

第 12 章　非制限的用法の関係詞節とコンマ

　ここで取り上げるテーマは，非制限的用法の関係詞節の前にコンマを用いる用法のことについてであるが，その用法に移る前に，ここで，「非制限的用法の that」について触れておきたい。非制限的用法の that については，千葉（近刊：3.13 節）において解説したものがあるので，そこに挙げた例文とともにその概要をここに再録してみたい（ただし，例文番号は，ここでの通し番号に合うように改めてある）。

　従来，関係詞節の非制限的用法は that には見られない用法であるとされてきたが，現代の文学作品の中では，that を非制限的法として用いる場合が，特に，先行詞が人間以外のものの場合，次第に増える傾向にあるということを Jacobsen（1986: 191f.）が下記の例文を挙げて指摘している。

(1)　These things, that had seemed at first to be beyond the grasp of her imagination, were becoming familiar to

74

her.　(Margaret Drabble, *The Waterfall*, p. 143)

（これらの事柄は，最初のうちは，彼女の想像を超えていて理
解できないと思われていたのでしたが，その後次第に彼女に
とってなじみのものとなってきたのです）

　同じような用法の指摘は，Quirk et al. (1985: 1259, note) に
おいても見られる。

(2)　One of the most important recent developments in
　　neutral hydrogen studies for our Galaxy has been the
　　discovery of high velocities in the center and in re-
　　gions away from the plane, that I have mentioned.
　　（銀河系に関する中性水素の研究における最近の最も重要な発
　　展の一つは，中心部領域および軌道平面から離れた領域に見ら
　　れる高速度現象の発見である―このことはすでに述べたことで
　　あるが）

　同じような例をさらに三つ挙げておこう（最後の例文 (3b) の
場合，that の前にコンマを置かない表記法となっているが，意味
内容の点から非制限的用法であることがわかる）。

(3) a.　…, by imposing an excess of defeat on Germany in
　　　　1919, the winners inadvertently stirred resentment
　　　　among the losers, that led to political extremism
　　　　and eventually to another war.

（*Time,* 25 Feb. 1991, p. 17）

　　　（1919 年に，ドイツに対して過度と言える程度の敗北を押
　　　し付けたことにより，戦勝国側は，軽率にも，敗戦国の人

たちに恨みを抱かせることとなり，その結果，政治的過激
主義を生むこととなり，ついには，さらなる戦争を生むこ
ととなったのである）

b. What Chomsky realized early on was that linguis-
tics could now suggest core internal properties of
the language faculty, that in turn posed important
questions for biology.　　　　　　(Jenkins (2000: 3))

（チョムスキーが早い時期にはっきりと理解していたこと
は，言語学が今や言語機能の中核的内部特質について示唆
することができるということであり，その言語機能の中核
的内部特質というものが，今度は生物学にとっての重要な
問題を提起することとなったのである）

c. Nicholson tried to pry up the manhole cover to get
at the other ducklings.　It wouldn't budge.　A pass-
ing motorist stopped to see what we were doing.
He joined the rescue team.　He retrieved a chain
from his car that worked to dislodge the manhole
cover.　　　　　　　(*The Washington Post*, 14 July 1995)

（ニコルソンはマンホールのふたをこじ開けて，残りの子ガ
モたちを助け出そうとしたのであるが，マンホールはビク
ともしなかった。私たちが何をしているのか確かめようと，
通りがかったドライバーが車を止めて，子ガモ救出に加わっ
てくれた。彼は自分の車からチェーンを取り出してきて，
それによりマンホールのふたをうまく動かすことに成功し
たのである）

上に述べたように，特に，先行詞が人間以外のものの場合にこのような that の用法が許されるということに関しては，安井（1987: 413ff.）の挙げている下記例文を参照（日本語訳も安井（1987）から）。

(4) a. The box, that (incidentally) had jewels in, (didn't it?) was stolen.

（その箱には，ついでに言うけど，宝石が入っていたんだがね，それが盗まれたんだ）

b. *The girl, that was (incidentally) tall, (wasn't she?), left the party.

上で解説したように，現代英語の実際の英語使用例の中には，非制限的用法としての that の使用も部分的に見いだすことができるのではあるが，この種の用法については，河野（2012: 19, fn. 3）の言うように，「どちらかと言えば例外的であり通常は wh 形を用いなければならない」という慎重な態度が英語学習者には求められるであろう。

ここまでが，千葉（近刊：3.13 節）における解説の紹介である。これを基に，次に，特に上に挙げた例文（3c）に見るように，非制限的用法の関係詞節であっても，コンマを用いない書き方になっている例について，さらに詳しく解説してみたい。すなわち，このような例は，単に that の場合だけでなく，次に挙げる例が示すように，ほかの関係代名詞の場合にも，ときおり見いだすことができることに注意したい。

(5) a. The police spokesman said that Henry was attacked

by a man who shot him in the back.

（警察の代表者の話によると，ヘンリーはある男に襲われ，背中を撃たれたとのことである）

b. Mary was rushed unconscious by helicopter to a hospital where she underwent an emergency operation.

（メアリーは無意識状態のままヘリコプターで病院に担ぎ込まれ，そこで緊急手術を受けた）

c. Eventually, the oysters are placed into racks of baskets and returned to the sea where they grow to maturity.

（最終的には，牡蠣はかご棚の中に入れられて海に返され，そこで親貝に成長する）

　上記例文のうち，(5b, c) に用いられている関係副詞の例は，次のような例文に見る when と同じような用法であり，特に when の場合には，「するとそのとき」の意味を表す接続詞と説明されることがある。

(6) a. We had just fallen asleep when the bell rang.

（"Dictionary.com" より）

（私たちがぐっすり眠りについたちょうどそのとき，ベルが鳴った）

b. They were enjoying a jazz session at the Buckhead restaurant when, suddenly, Joan experienced something she's never endured before or since.

（Corpus of Historical American English より）

　　　　（彼らがバックヘッドレストランでジャズセッションを楽し
　　　　んでいると，突然，ジョーンはそれまで，いやその後も一
　　　　度も耐えたことのないような感じの経験を味わった）

　　c.　Passengers had settled into their evening commute
　　　　on the Metro-North train <u>when</u>, in a flash, it hit a
　　　　vehicle on the tracks and the calm was overtaken
　　　　by panic.　(*New York Times*, 4 Feb. 2015; http://www.
　　　　nytimes.com/)

　　　　（通勤客がメトロ北の夕方の通勤電車に乗り込んで身を落ち
　　　　着かせたそのときである。あっという間のことであったが，
　　　　線路上に止まっていた車に電車が衝突し，落ち着いた雰囲
　　　　気の車内がパニック状態に陥ったのである）

　以上観察したように，ふつうコンマを用いて書き表すとされる
非制限的用法の場合でも，コンマを用いないので，そのため表面
上からは，制限的，非制限的いずれの用法なのかの判別が難しい
場合がある。特に英語学習者を惑わせることになりそうなのは，
関係代名詞の部分が each of which / whom, some of which /
whom, the result of which, the roof of which などの例に見る
ように，「数量詞／名詞 + of which / whom」となっている場合で
ある。

　このような場合，たとえ<u>意味内容の上からは制限的用法とみな
されるような場合でも，書き表すときは</u>，そのような複合的構造
を持った関係代名詞の前にコンマを置く書き表し方が多く見られ
ることに注意したい。特に日常茶飯事の事柄を表す内容となって
いる場合には，このような表記法が好ましいと一般的にみなされ

ることが多いようである。たとえば，Fetta（1974）は，次に挙げる例文のペアのうち，コンマを用いないほうの文は非文法的な文になると説明している（(7a, b) および (8a, b) はそれぞれ p. 143 および p. 9 より）。

(7) a.　The sailors, each of whom kidded the other, received 30 days in the brig.

　　　（船員たちはお互いに騙し合っていたが，30 日間の営倉入りの宣告を食らった）

　　b.　*The sailors each of whom kidded the other received 30 days in the brig.

(8) a.　The offer, the refusal of which surprised me, was excellent.

　　　（その申し出は結構なものだったのだが，拒絶されたのは私には驚きだった）

　　b.　*The offer the refusal of which surprised me was excellent.

　下記例文（Weintraub（1970: 59）より）についても，同じようなことが言える。

(9) a.　Those tomatoes, some of which were rotten, were cooked for supper.

　　　（そのトマトは，中には腐っていたのもあったのだが，夕食の料理にされた）

　　b.　*Those tomatoes some of which were rotten were cooked for supper.

非文法的文であるとまでは言わないとしても，少なくとも，不自然な文になるという判断は，次に挙げる Culicover et al.（1977: 138）の例文からも読み取れるであろう。[1]

(10) ?The people some of whom left were tired.

ただし，このような文の受容可能性に関する母語話者の反応には，個人差や方言差が見られるようである。たとえば，下記例文のように，日常茶飯事の内容の文で，しかもコンマなしの文を問題ない文として用いることもあるようだ。

(11) a. I met some children the fathers of whom like to drink.　　　　　　　　　　　　（Jackendoff（1977: 60））

b. He knew four young dons each of whom had reached the top of King's Chapel.

（Scheurweghs（1959: 273））

（彼は 4 人ともキングズチャペルのトップの地位にまで上り詰めたその 4 人の学監を知っていた）

c. I stopped where people stopped or gathered, I listened and looked and left, and in the process had a picture of my country the accuracy of which was impaired only by my own shortcomings.　（John Steinbeck, *Travels with Charley*, Bantam Books, p. 5)

---

[1] Rydén（1970: 48）は，数量詞が含まれている制限的用法の関係詞節は不自然になるとして，次のような例を挙げている。

(i) a.　The teachers, who had all（of them）come, …

b.　*The teachers who had all（of them）come …

（私は人が立ち止まったり集ったりしていたところで足を止
めて，耳をすましたり辺りを眺めたりした後その場を離れ
た。そうやっているうちに，我が国のイメージを心に描く
ことができたが，ただもう私自身の未熟さのため，その正
確さは損なわれていたようだ）

d. The love-story magazines of 1941 were probably
read by a much wider age group <u>the younger of
whom</u> were considered old enough to take things
like bigamy and seduction in their stride or were
perhaps expected to be still reading *Girls' Crystal*
and *Beano*.　　(Sue Sharpe, *Just Like A Girl*, Penguin
Books, p. 105)

（1941 年に発行された恋愛もの雑誌は，おそらく，もっと
広い年齢層の人たちに読まれたであろうが，そのうち若い
年齢層の読者でも，そこに扱われている重婚とか誘惑とか
いったものを冷静に受け取るだけの年齢に達しているとみ
なされていたか，または，おそらく『乙女の結晶』や『ベア
ノ』をまだ読んでいる世代であろうと思われたのである）

一方，どちらかというと学問的世界に属するような話題につい
て述べたような文（したがって，文語調の傾向の見られる）文に
おいては，問題の関係代名詞の前にコンマを用いない用法となっ
ている文を普通に見いだすことができる。

(12) a. From this position it was a natural step to support
an organization <u>the object of which</u> was to secure
peace.　　　　　　　　　　(Scheurweghs (1959: 276))

（この立場からは，平和を確保するという目的を持った組織を支援するというのは，自然な行動であったのである）

b. However, if we have two hypotheses only one of which requires this additional constraint, then, all other things being equal, we choose the hypothesis that does not require it.

(Soames and Perlmutter (1979: 500))

（しかしながら，もし，そのうちの一方だけがこのさらなる制約を必要とするような二つの仮説があった場合，そのほかの点では両者は同じであるとしたならば，その制約を必要としないほうの仮説を選ぶことになるであろう）

c. If you have ever tossed dice, whether in a board game or at the gambling table, you have created random numbers—a string of numbers each of which cannot be predicted from the preceding ones.

(JSTOR Daily, Weekly Digest, 24 May 2019)

（ボードゲームあるいは賭博用テーブルにおいて，あなたがサイコロを振ったことがあったとすれば，そこには乱数が出現することになります―すなわち，そのうちのどの数も一つ前に出た数からは予測することができないような一連の数字のことです）

d. [Sphere is] a round figure in apace; ball-shaped mass: solid figure all points of which are equally distant from a centre (*Longman Dictionary of Contemporary English,* s. v. *sphere*)

（［球体とは］空間における球状の図形；ボール状のかたま

り；その図形上のどの点を取っても，中心からの距離が等しいような立体図形［のこと］）

　なお，すでに上で述べたように，コンマを用いているが，意味内容の上からは，むしろ制限的用法であるとみなされるような場合があることについては，Huddleston（1971: 224）が下記例文（13）を挙げながら説明している興味深い箇所があるので，以下に紹介してみたい。

(13) a. In the Tricladida the uterus and the bursa copulatrix are replaced by organs, the homologies of which are doubtful.

（三岐腸目においては，子宮と交尾嚢が，それとの相同関係が疑わしいような別の器官に置き換わっているのである）

　　 b. Let us consider a diatomic molecule, the nuclei in which vibrate about their equilibrium positions with a constant frequency, v_R.

（内部の原子核が，それと釣り合いの取れた位置の周りで，一定の周波数 v_R を保ちながら振動しているような2原子分子について考えてみよう）

　すなわち，Huddleston（1971）は，そこに用いられているコンマの用法について，次のように説明している。

　　ここでは，コンマの存在は，一つのまとまった情報上の切れ目を合図するために用いられているのではないと思われます。と言うのも，もしそのように理解するとなると，［(13a) において］子宮と交尾嚢そのものは器官の一種で

はない，また［(13b) において］そこに述べられているようなふうに原子核が振動しないような2原子分子は存在しない，といった誤った読みをすることになるからです。(p. 224)

　ここで，これまでの解説の中から，特に重要なポイント二つを強調する形で，下に (14) としてまとめてみよう。

(14)　関係代名詞の部分が「数量詞／名詞 + of which/whom」となっている場合は，たとえ意味内容の上からは制限的用法とみなされるような場合でも，特に日常茶飯事的事柄を扱っているような場合は，コンマを用いる書き表し方をすることが多い。

　上に述べたように，コンマを用いないと，文語調の学問的感じの文になり，したがって，日常茶飯事的な内容の場合には，コンマを用いるほうがよいという捉え方は，次に示す Quirk et al. (1985: 1249) における説明からも導き出すことができるであろう。すなわち，彼らは次のような趣旨の説明をしている。

　　　先行詞が人以外のものを表す場合，whose を用いるのを避けるような傾向が部分的ながら見られるが，The house the roof of which was damaged ... のような言い方をしようとすると，堅苦しい文語調の，長ったらしい感じを与える表現となってしまう。文体的に好ましい表現としては，The house that had its roof damaged .../The house with the damaged roof ... が考えられる。

　ただし，ここでは，コンマを用いた The house, the roof of which was damaged, … のような場合のことについては触れられていない。[2] 彼らの説明の続きとして，さらに次のような趣旨の内容が続く (pp. 1249–1250)。

　　　数学の世界などでは，次の例に見るように，whose を用いた表現が普通に用いられている：

　　　　Let ABC be a triangle whose sides are of unequal length.

　　　ときには，（whose に代わって）of which が主要語の前に置かれることもあるが，より普通に見られる表現としては，the results of which / whose results のほうが用いられる：

　　　　The investigation {of which the results / the results of which / whose results} will soon be published …

　ここでは，すでにおわかりのように，関係代名詞の用法の話題が，the roof of which の場合のコンマのあるなしから，さらに

---

[2] ただし，コンマを用いないと不自然な文となるという含みを感じ取ることができるであろう。同じことは，次に説明する Evans and Evans (1957: 557) による記述からも読み取れる。すなわち，彼らは a country whose rainfall is abundant のほうが a country, the rainfall of which is abundant より好ましい英語表現であると述べている。この場合，同じよう意味内容を表す二つの表現として，上記二つの文が比較されているものと考えることができるので，whose を用いた文と同じく，コンマを用いたほうの文も制限的用法の文として扱われていることが推測できることになる。すなわち，ここから，コンマを用いないほうの文は，不自然な感じの文となるとの判断が背後に含まれていることが読み取れるであろう。

whose roof や of which the roof などの表現による言い換えが可
能かどうかの話題にまで拡大してきている。[3] このような観点も
取り入れた語法解説の別の例として，次に Hornby (1975) の場
合を取り上げてみよう。

　すなわち，Hornby (1975: 159) は，The only words in his
paragraph whose spelling may cause trouble are ... のような文
について，次のような言い換えが可能かもしれないと述べてい
る：The only words in his paragraph {the spelling of which/of
which the spelling}　may cause trouble are ...　また同じよう
に，The house whose windows are broken is unoccupied. のよう
な文の場合も，which を用いて，The house {of which the
windows/the windows of which} are broken is unoccupied. の

---

[3] 所有格代名詞 whose で始まる関係詞節のうち，特に whose {job/func-
tion/task} is to ...（「～することがその仕事・機能・役目である」）のような
構造を持った関係詞節の場合には，次の例文 (ia, b) に見るように，これを
whose {job/function/task} it is to ... のように形式主語 it を挿入した形で
表すこともできる（例文 (ic) の場合は，先行詞が syntax なので，whose の
代わりに the task of which の形が用いられている；it を用いたほうの例文は，
いずれも，Chiba (1973: 12) より）。

 (i) a. The man whose job (it) is to keep order here is loved by Mary.
    （当地の治安を守る任務を負ったその男はメアリーに愛されてい
    る）
   b. Bill is the man whose good fortune (it) was to marry the most
    beautiful girl in town.
    （ビルは町一番の美しい娘と結婚するという幸運に恵まれた男で
    す）
   c. John often tells me about syntax, the task of which (it) is to
    describe sentences.
    （ジョンはしばしば私に，文の記述を仕事とする統語論について
    話してくれます）

ような言い換えが可能かもしれない，ただし，前置詞句を用いて
The house with the broken windows is unoccupied, とするほう
がより普通である，と説明している。[4]

　一方，『続・英語語法事典』（渡辺登士ほか（編），大修館書店，
1977），pp. 500f. は，このような言い換えに関し，むしろ否定的
な捉え方をする母語話者が多いという事実を伝えている。以下に
引用するのは，その説明の最初の部分である。例文 (1), (2), (3)
とあるのは，それぞれ，次の文 (15a), (15b), (15c) のことである。

- (15) a. The house of which the roof is green is my uncle's.

　　b. The house whose roof is green is my uncle's.

　　c. The house the roof of which is green is my uncle's.

… (1) [= (15a)] は native speaker の間では語法上認めら
れていません。(2) [= (15b)] は語法上認められています
が，改まった文体 (Formal style) で，native speaker の
間では形がよくないと考えられています。(3) [= (15c)]
は the roof of which is green が意味上欠くとのできない
情報ではない，つまり付加的情報なので，コンマ (com-
ma) をつける必要があります。native speaker は "The
house with the green roof is my uncle's." が (2), (3) よ

---

[4] 上記引用箇所において，「of which が主要語の前に置かれることもある」
という趣旨のことを言っている部分に関しては，次に本文で取り上げる『続・
英語語法事典』の中の解説にあるように，これを受け入れない反応もあるよ
うである。このことに関し，Stockwell et al. (1973: 123) が下記例文 (i) に
クエスチョンマークを付けて示していることも参考になるであろう。

　(i) ?The boys of whom three were sick played better than the boys
　　　who were healthy.

　　りもよい文であると考えています。（下線は千葉）

　例文（15c）が，多くの母語話者にとって，不自然な感じを与えるようだということは，これまでの説明により十分推測できることであろう。上に引用した解説の中で特に注意したいのは，下線を施した部分である。（15c）において，the roof of which is green が付加的情報であると言っているのは，それが制限的用法の関係詞節ではないと言っていることになるであろう。どうしてそのように断定できるのであろうか。上で取り上げた『続・英語語法事典』は，もともと，『英語教育』誌上において，英語の語法について読者が寄せる質問に答える形の「クエスチョン・ボックス」の欄を，のちに本の形で出版したものである。（15c）の例文についての回答については，質問者が十分納得せず，さらなる質問（というより反論）が寄せられるという経緯がある（さらに詳しい解説については，同書を参照）。

　多くの読者を納得させるような回答の形にするためには，上で（14）にまとめたような二つのポイントを押さえる必要があるのではないだろうか。たまたま，英語と異なり日本語の場合には，関係詞節そのものの用法として，制限的と非制限的の明確な用法の違いが認められないので，日本語訳を持ち出すと，混乱を招くことにもなりかねないので気をつけなければならないが，それでも，英語の制限的用法に相当する意味内容の「屋根の色が緑であるあの家」という日本語を英語で表すのはどうしたらよいかというような素朴な質問は，多くの読者が抱くことであろう。それに対して，「屋根の色が緑であるあの家」は非制限的用法であるので，コンマが必要となる，と言っているようにも受け取ることの

できる回答では，今一つ納得できないと思う読者が出て来るであ
ろうということは，想像に難くないと思われる。

　ベレント（1979: 168-169）も，同じような構文について解説
しているが，コンマを用いると問題ない文となるかどうかについ
ては直接触れていない。ただし，コンマのない文の場合，文の内
容が日常的な事柄を問題としているか，それとも学問的な事柄を
問題にしているかの違いによって，問題のない文かどうかの判断
が別れるという趣旨の重要な指摘が見られるという点において，
英語学習者にとって貴重な資料となるであろう。この解説は，も
ともと英字新聞 *Asahi Evening News* 紙上連載コラム "Brush up
your English"（140）において，英語学習者から寄せられた質問
に答えるという形式をとって，上に取り上げたのと同じような関
係詞節の問題（下記例文（16a–d）参照）について説明したものであ
る。以下にその概要を紹介してみよう。

(16) a. My wife's parents still occupied that house the roof
　　　　of which is green.

　　b. My wife's parents still occupied that house whose
　　　　roof is green.

　　c. My wife's parents still occupied that house with a
　　　　green roof.

　　d. My wife's parents still occupied that green-roofed
　　　　house.

　まず，読者からの質問，すなわち，「上の四つの文は，書かれ
た英語としてはすべて可能ですが，最初の二つは会話向きではな
いし，また，書かれた英語としても，最初の二つは適切な文とは

言えないのではないでしょうか」に対して，ベレントは「全般的に言って，おっしゃるとおりです」と答え，さらに次のような解説を加えている。

　すなわち，最初の二つの文は可能ではあるが，とてもまずい構文となっている。英語の母語話者がこのような文を書くのはまず想像し難い。もっと学者ぶった書き物（で学問的内容のもの）の中でなら，このような構文の文が用いられる可能性はあるが，上記の例文のように，平凡で日常的な事柄についての文としては，はっきり言って奇妙な感じがする。学問的内容の文の場合を考えたとしても，このような構文の文が常に望ましいということにはならない。ただし，(16a, b) に類する文で問題のない文もあり，たとえば，次のような例文の場合がそうである。

(17) a. The professor taught the theory the proof of which is uncertain.

b. God is concerned about man whose sin is ever-present.

　全体をまとめて，ベレントは次のように述べている。すなわち，英語教育の現場で，ある構文を教える時には，その構文のもつ文体にふさわしい内容となっているかどうかを考慮した教え方をしなければならない。上記の例文のうち，(16c, d) は，文章としての英語および会話体としての英語の両方において，種々の内容にもふさわしい構文の文であると言えるので，広く教えるのがよい。例文 (16a–d) の意味内容を考慮すると，このうち (16c, d) だけがふさわしい文であるということになる。

　ところで，少なくとも，six of which のように数量詞からなる

表現の場合には，受容可能性に関する判断が上に紹介したものとは異なることがあるようである。たとえば，Weintraub（1970: 54）は，まず，下記例文（18a）は，非制限的用法としての解釈をすれば許される文となるが，それに対する制限的用法としての文（18b）は受け入れられないようだと述べたあとで，制限的用法としての解釈を許すような文としてなら，（19a）のような語順の文にしなければならないだろうと説明している。さらに，この語順の文の場合には，（19b）のような非制限的用法の文も許されると述べている。

(18) a. Those eggs, six of which are rotten, were shipped from Guadalajara.

　　 b. Those eggs six of which are rotten were shipped from Guadalajara.

(19) a. Those eggs of which six are rotten were shipped from Guadalajara.

　　 b. Those eggs, of which six are rotten, were shipped from Guadalajara.

　以上の解説の多くの部分においては，「数量詞／名詞＋of which/whom」のような表現に見るように，数量詞と普通の名詞を一つにまとめて同じように扱ってきたが，ただし，同じ 1 人の英語母語話者が，与えられた文が許されるかどうかに関し，数量詞の場合と普通の名詞の場合とで，異なる反応を示すことがあるかどうかについては，さらなる事実調査を基に，今後研究を深めていかなければならない（特に数量詞の場合の関連するデータ，およびそれについての興味深い解説については，河野（2012: 151ff.）参照）。

第13章　命令文とその周辺

　命令文として用いることのできる動詞の種類は，一般的に，自分の意思で制御可能な（self-controllable）事柄を表すような動詞であると言うことができる。たとえば，I know the answer のような文に用いられている動詞 know は「知っている」という状態を表し，この条件に合わないので，例文（1a）は非文法的文となる。ただし，例文（ib-e）のような場合の know は「（正しく）理解する，（しっかりと）認識する，把握する」のような意味で用いられているので，この条件に合うこととなり，したがって，文法的な文であると説明できる。

(1) a. *Know the answer.

　　 b. Know the answer by next Tuesday.

　　 c. Know thyself.
　　　　（汝自身を知れ［Apollo 神殿の碑文にあるギリシア語に対応する英語]）

　　d.　Know where you stand.

　　　　（自分の立場をわきまえなさい）

　　e.　Please know that we do believe this change is best
　　　　for your students. (Corpus of Contemporary American
　　　　English より)

　　　　（このように変えることが，生徒さんたちにとって最善の策
　　　　となると私どもが信じて疑わないということをどうぞご理
　　　　解ください）

　また，be＋形容詞は，形容詞の種類によって，自分の意思で
制御可能な事柄を表す場合とそうでない場合に分かれるので，命
令文にした場合，例文 (2a, b) のように，文法的に許される場合
と許されない場合があるということも同じように説明できる。

　(2)　a.　Be kind／brave／polite.

　　　　b.　*Be smart／clever／stupid.

　この違いは，例文 (3a, b), (4a, b) に見られる文法性の違いに
対応しているということが理解できるであろう（例文 (2)–(4) は
共に Wilkinson (1976: 171) より）。

　(3)　a.　We asked Tom to be kind／brave／polite.

　　　　b.　*We asked Tom to be smart／clever／stupid.

　(4)　a.　Tom is being kind／brave／polite.

　　　　b.　*Tom is being smart／clever／stupid.

すなわち，(3a, b) は，「～してほしいとトムに依頼する」内容の
文であるから，依頼された事柄をトムが自らの意志で達成可能か

どうかが問題となる。一方，(4a, b) は be 動詞の進行形により，「努めて〜しようとする」「意識的に〜のように振る舞っている」とか「わざと〜のような振りをしている」というような意味を表すので（千葉（近刊：4.4 節）参照），この場合も，自分の意志で〜の状態を作り出せるかどうかが問題となる。

　次に，命令文はどのようなときに用いるか，すなわち，命令文の用法・用途について考えてみよう。命令文は，相手に何かを命令・指図・依頼したりするとき以外にも用いることができる。たとえば，次の例文に見るように，相手に何かを勧めたり，希望・祈願したり，許可を与えたり，注意や警告を与えたりするときなどにも，命令文を用いることができる（例文は，いずれも，Akmajian et al. (2010: 249) より）。

　(5) a.　Have some more pâté.

　　　　　（どうぞもっとパテをおあがりください）

　　 b.　Have a nice day!（どうぞよい 1 日を）

　　 c.　Help yourself!（どうぞご自由に／どうぞどうぞ）

　　 d.　Look out!（気をつけろ／あぶない）

　　 e.　Be good!（おとなしくしているのよ）

　このように，英語の命令文は，特に相手の喜びそうなことを勧めたり，許可を与えたりするようなときには，please を用いない言い方のまま，丁寧な感じの表現になりうるので，そのような場合には，もはや，狭い意味での「命令」文とは言えないことになる。すなわち，英語においては，命令文が日本語以上に広い用途で用いられていると言っていいであろう。

　命令文の形はとっていないが，意味の上では，「〜してはいけ

ない」のように相手に注意を促す働きを持った口語的表現とし
て，you don't want to ... の構文のことをここで取り上げてみよ
う。下記例文 (6a, b) において，

(6) a.　Well ... you don't want to think like that.

　　　　　　　　　　　　　　　(Arthur Miller, *All My Sons*)

　　　　（あのね ... そんなふうに考えちゃいけないよ）

　　 b.　You don't want to send the letter if you've got egg
　　　　　on your face.

　　　　　　　　　　（William Harrington, *Columbo: The Hoover Files*）

　　　　（もし恥をかいたのだったら，その手紙は出しちゃいけない
　　　　　よ）[have egg on one's face「決まりの悪い思いをする，
　　　　　恥をかく」]

下線部は，いずれも，日本語訳に見るように，「～してはいけな
い」という意味を表し，「～したくない」ではないということに
注意したい。[1]

　このような want の意味用法が理解できたなら，否定文でなく，

---

[1] 次の例文に見るように，動詞 want 以外の動詞の場合にも，同じような意
味で用いられることがある。

　(i) a.　You don't dare move against him unless you've got overwhelm-
　　　　　ing evidence.　(William Harrington, *Columbo: The Hoover
　　　　　Files*)
　　　　　（十分な証拠が手に入るまでは，あいつを検挙するような行動に
　　　　　は出ないことだ）

　　 b.　You don't wander into the Congo without knowing what you're
　　　　　about.　(Colin Bateman, *Divorcing Jack*)
　　　　　（しっかりした目的もなく，ブラブラとコンゴをうろついたりし
　　　　　てはいけない）

肯定文として用いた you want to ... が「〜しなければならない」という意味になるということも理解できるであろう。

   (7) a. Aha! (Points a finger at him.) <u>You want to</u> stick to words of one syllable! (Robert Bolt, *Flowering Cherry*)

          （あっ！—彼の顔を指差しながら—1 音節の語という規則を守らなきゃダメだよ）

       b. <u>You want to</u> be very careful not to have a man like Crevecoeur for an enemy. (*Advanced Learner's English Dictionary*, 4th ed.)

          （クレブケールのような男を敵に回すことのないよう十分気を付けなければいけないよ）

命令文には，ふつう主語の you が表面に現れないが，場合によっては，例文 (8a) のように，相手を名指しして，「お前，〜しろ」のような指図をするときなどに，主語の you を用いることもある。また，命令文に付加疑問文を付け加えて，相手の行動を促したり，丁寧な感じを出そうとするときにも，例文 (8b, c) のように，隠れていた主語の you が付加疑問文の部分に顔を出すことになる。

   (8) a. John, <u>you</u> open the door.

       b. Open the window, will <u>you</u>?

       c. Open the window, won't <u>you</u>?

このような付加疑問文の場合，Fries (1940: 284f.) は，次の例文に見るように，それぞれ，上昇調および下降調のイントネー

ション記号を付している。

  (9) a. Please come here, will you（↗）?

       b. Please come here, won't you（↘）?

　一方，このような場合のイントネーションについて，竹林（1996: 462f.）は「最も普通なのは先行する命令文が下降調で付加部は上昇調の型で，命令口調を和らげたり，依頼や勧誘の気持を表す」と説明している。

　さらに詳しい説明を与えている荒木・安井（1992: 686）は，Bouton（1982）および Quirk（1985）を引用して，次のように解説している。

　　　　Bouton（1982）によるとこれらの付加疑問（文）の種類と，共起可能な命令文の種類，音調（INTONATION）についてさまざまな条件がある。たとえば，現在行われていることを止めさせる命令文の付加疑問（文）は，第3段階の高さから上昇調で終わり，将来の行為を禁止する命令文では，3から1への下降調または第2段階からの上昇調を取るという：Don't talk, *will you*?[3+]/Don't tell Pete about this mess we got ourselves into, *will you*?[31 or 2+]　また，Quirk et al.（1985, p. 813）によれば，Open the door. に付けられる付加疑問（文）として i) won't you? の上昇調，ii) その下降調，iii) will you? の上昇調の中では，i) が強要度が低く，iii) が最もその度合いが高い。will you? の下降調形は，可能であるがきわめて高圧的で礼を失する言い方になる。

さらに,「〜するな」の意味を表す否定命令文の場合にも, 例文 (10a, b) のように, 主語の you を用いた Don't you … の形が用いられることがある。

(10) a. Don't <u>you</u> believe it.

b. Don't <u>you</u> ever swear at your mother or me again.

(Charles Webb, *The Graduate*)

（お母さんや私に今後一切悪態をつくんじゃないよ）

主語の you を用いた命令文は, 一般的に, 強いいらだちを込めて相手を説得・非難・警告するときに用いることも多い（安藤 (2005: 876f.) 参照）。

なお, アイルランド英語の一種である Belfast English では, 非対格動詞の場合にだけ,「動詞＋you」のタイプの命令文が可能であることが知られている。以下に示す非対格動詞の場合 (11a-c) と非能格動詞の場合 (12a-c) を比較参照（例文は, それぞれ, Radford (2009: 251, 252) より。イタリック体は原文どおり）。

(11) a. Leave *you* now!

b. Arrive *you* before 6 o'clock!

c. Be going *you* out of the door when he arrives!

(12) a. *Read *you* that book!

b. *Eat *you* up!

c. *Always laugh *you* at his jokes!

非対格動詞と非能格動詞については第 1 章「非対格動詞と受け身文」参照。そこでも解説したように, 非対格動詞の場合のもともとの構造（D 構造）が [NP e] V NP のようなものであると考え

ると，例文（11a–c）のような文は，そのD構造の語順を保った
まま，命令文として用いることができるということを表している
ものと捉えることができるかもしれない。一方，例文（12a–c）
のような非能格動詞の文の場合には，そのようなD構造が許さ
れないので，それに対応する命令文も許されないと説明できるこ
とになる。

　なお，be動詞を用いた命令文を否定文にするときには，例文
（13a–e）に見るように，Don't（you）be … のように，doを用
いた否定形になることにも注意しよう（鈴木（2001: 129ff.）参照）。

(13) a.　Be more careful.

　　 b.　*Be not careless. / *Not be careless.

　　 c.　Don't / Do not be careless.

　　 d.　Don't be silly!（ばかなことを言うんじゃない）

　　 e.　Don't（you）be singing when I come back!

(Pollock (1989: 372))

　　　　　（私が帰ってきたときには，もう歌っていちゃいけませんよ）

　命令文の形をした節と別の節を接続詞andまたはorでつなげ
た等位構造の文は，普通の等位構造の文とは異なり，and, orが，
それぞれ，「そうすれば」「さもないと」の意味を持った文として
解釈されるということは，比較的よく知られた事実であろう。

(14) a.　Start at once, and you will catch the train.

　　 b.　Don't move, or I'll shoot you.

　この用法のうち，特にorによる表現の場合は，命令文の形を
取らない文においても，命令文と同じような効果を生じさせる意

味内容の文であれば，以下の例文に見るように，（14b）と同じような用法の文として用いることができるということにも注意したい。

 (15) a. Bush said the body <u>must rid the world of Saddam's biological, chemical and nuclear arsenals or</u> risk millions of lives in a "reckless gamble."

(The Daily Yomiuri, 14 Sept. 2002, p. 1)

   （国連はフセインの所有している生物・化学・核兵器を世界から取り除かなければならない。さもないと，何百万もの命が「無謀な賭け」の危機にさらされることになるとブッシュ大統領は演説した）

   b. Despite that, business groups are worried, with the CBI [= Confederation of British Industry] saying the decline <u>has to be reversed or</u> the UK will be less competitive globally.

(BBC News Daily, 27 Feb. 2019)

   （それにもかかわらず，その拒否回答を撤回しないと，英国は世界的競争力を減ずることとなるとする英国産業連合による見解にも見られるように，産業界は苦慮している）

   c. The International Atomic Energy Agency's governing board <u>demands that Iran halt its efforts to enrich uranium or</u> the issue will be referred to the U.N. Security Council.

(The Daily Yomiuri, 20 Sept. 2004, p. 1)

   （国際原子力機関理事会はイランに対し，ウラン濃縮の取り

　　組みを止めるよう要求し，もしそれが受け入れられなけれ
　　ば，国連安全保障理事会にその問題を委ねることになると
　　している）

　d.　Earlier this month, a security guard asked two guys
　　　who entered a Target store in Los Angeles <u>to put
　　　on a mask or leave</u>.

　　　　　　　　　　　　(Fast Forward, View web version, 13 May 2020)
　　（今月の初め，ロスにあるスーパー店ターゲットに入って来
　　た二人の若者に警備員が，マスクをするか，さもなくば，
　　店から出るように依頼した）

　e.　He [＝Trump] says he is giving the body [＝WHO]
　　　30 days <u>to make "major changes" or</u> his temporary
　　　freeze of US funding will be made permanent.

　　　　　　　　　　　　　　　　(BBC News Daily, 19 May 2020)
　　（世界保健機関に 30 日の余裕を与えるので，その間に大き
　　な方針転換をするか，さもなくば，一時的な米国による資
　　金援助凍結を永久のものとするぞとトランプ大統領は警告
　　している）

　このような事実は，基本となるある種の構文なり用法が，そこ
に見られる意味の上での部分的共通性を一つの手掛かりとして，
さらに一般化・拡大化して用いられることがあるという，言語に
広く見られる興味ある現象の一つとしてこれを捉えることができ
るであろう（第 16 章「Just as … so … とその仲間たち」参照）。

第 14 章　could / would / should <u>of</u> = could / would / should <u>have</u>
―― 仮定法に見る新しい動き

　現代英語の用法を観察していると，仮定法過去完了の文が，次の例文のように書き表されているのをときおり目にすることがある。

(1) a.　"That's what the law is for, Mr. Moore." "<u>He'd of</u> denied it; <u>she'd of</u> denied it. Which didn't make it any less true." (William Harrington, *Columbo: The Game Show Killer*)

　　　 （ムーアさん，法律はそのためにあるんですよ。彼はそれを否定したかったことでしょう。 彼女もまたそれを否定したかったことでしょう。だからと言って，その事実は少しも変わったわけではありません）

　 b.　"<u>You'd of</u> been the mother of his child," said Arnold. "<u>I'd of</u> been proud to be the mother of his baby! He was the greatest American since … well,

102

since maybe General MacArthur."　　　　　　(Ibid.)

（「きっと，あなたが彼の子供の母親になっていたことでしょ
う」とアーノルドは言った。「私だって，彼の赤ん坊の母親
だったら，きっとおおいに誇りに思ったことでしょう。あ
の人は，ええ，おそらくマッカーサー将軍以来の最も偉大
なアメリカ人でした」）

c. "Now that I think of it, I guess you're not here on
official business, Mr. Kloss. Sure. You'd of had to
retire years ago. I mean, while I was still in the
slammer." (William Harrington, *Columbo: The Hoover
Files*)

（クロスさん，どうもあなたは公務でこちらにおいでになっ
たんではなさそうだ。きっとそうだ。だって，何年も前に
退職していらっしゃらなければならないはずだから。つま
り，まだ私が刑務所にいた頃にですが）

　上記例文の中に用いられている he'd of / I'd of / you'd of の表
現は，従来の標準的用法としては，ふつう he'd have / I'd have /
you'd have のように表記される言語形式に相当する口語的表現
を表したもので，ときには，he'd a / I'd a / you'd a または，それ
ぞれ，he'da / I'da / you'da のように表記されることもある（千葉
(2013: 13, fn. 6) 参照）。

　このような現象を Quirk et al. (1985: 1011, note [c]) は次の
ように説明している。まず，下記例文（2a）のような仮定法過去
完了の文は，口語的文体では，しばしば，例文（2b）のように短
縮形を用いて書き表され，さらに，口語的な話しことばでは，主

節の have の部分が /əv/ や /ə/ のように発音されるので，I woud have は /aɪdə/ のように発音されることにもなる。

(2) a. If I had seen her, I would have told her.
  b. If I'd seen her, I'd have told her.

また，アメリカ英語の口語的な話しことばでは，従属節と主節の助動詞の部分が，次の例文（3）に見るように，同じような形態になり，I'd have の発音が，共に /aɪdə/ となることがある。

(3) If I'd have seen her, I'd have told her.

Burridge（2004: 1120）によると，同じような現象が，オーストラリアやニュージーランドの英語においても増加しつつあるとのことである。明らかに，この現象は，of の発音と have の縮約形の発音が同じになるということに由来し，さらに，おそらく，kind of, sort of のような「ヘッジ（hedge）」と呼ばれる一種の「はぐらかし表現」「ぼかし表現」が持つ「非現実性」という特徴によっても促進されることになるということを Burridge はまた指摘している。(kind of, sort of の用法について，および，発音が [káində], [sɔ́:rtə] のようになるということについては，千葉（近刊：1.6 節）参照。)

さらに，Dancygier and Sweetser（2005: 65）は，イギリスの小説家 Dorothy Sayers の小説 *The Nine Tailors* の中から，次のようなセリフを引用し，問題の用法が，実際には，知られている以上にイギリス英語の中にも用いられているのかもしれないと述べている。

(4)　(James:)　"You mean to say, it wasn't you did away with him?"（彼をやったのはお前ではないというのかい）

　　　(Will:)　"Of course not … I'd offered the brute two hundred pounds to go back where he came from.　If I hadn't a-been ill, I'd a-got him away all right, and that's what I thought you'd a-done. […]"

（もちろんさ …。俺はあの野郎が元来た場所に戻るなら200ポンド出すと言ったんだ。俺がもし病気でなかったなら，確かに俺があいつを逃してやっていただろう。だって，兄貴だったらきっとそうしていただろうと思ったんだ）(DS.NT.273)

(5)　(James:)　"Forgive me, Will ── I thought you'd done him in … but I didn't blame you.　Only I wished it had happened in a fair fight."

（すまない，ウイル。お前があいつを殺したのかと思ったんだ。でも，やったとしてもお前のことを咎めたりはしなかったさ。ただ，正々堂々と勝負した上での結末であってほしいと思っただけさ）

　　　(Will:)　"If it had happened, Jim, it would a-been in a fair fight.　I might a-killed him, but I wouldn't a-killed him when he was tied up."

（もし俺がやってたとしたら，兄貴，そりゃ，正々堂々と勝負していただろうさ。俺が殺してたかも

しれないが，でも，縛り上げられているのをやっ
たりはしなかったさ）（DS.NT.280)

　上に述べた Quirk et al. による解説に戻ると，彼らはこの発音
/aɪdə/ が，すでに上で述べたように，I'da のような非標準的ス
ペリングで書き表されることがあるということについても触れて
いる。また，下記例文（6）のような，誤解に基づく誤った表記
法が，学のない人たちの書いた英語や，そのような人たちの用い
る英語の雰囲気を伝えようとする，小説などに見られる「役割
語」[1] としての英語表現においても，ときおり見られるという趣
旨のことを述べている。

---

[1] 「役割語」について，金水（2003: 205）は次のように定義している。
　　ある特定の言葉づかい（語彙・語法・言い回し・イントネーション等）
　　を聞くと特定の人物像（年齢，性別，職業，階層，時代，容姿・風貌，
　　性格等）を思い浮かべることができるとき，あるいはある特定の人物
　　像を提示されると，その人物がいかにも使用しそうな言葉づかいを思
　　い浮かべることができるとき，その言葉づかいを「役割語」と呼ぶ。
　日本語に見られる「役割語」の具体例としては，次の例を参照（金水（2014:
v）より）。
　（i）a.　おお，そうじゃ，わしが知っておるんじゃ。（老人）
　　　b.　あら，そうよ，わたくしが知っておりますわ。（お嬢様）
　　　c.　うん，そうだよ，ぼくが知ってるよ。（男の子）
　　　d.　んだ，んだ，おら知ってるだ。（田舎者）
　　　c.　そやそや，わしが知ってまっせー。（関西人）
　　　d.　うむ，さよう，せっしゃが存じておりまする。（武士）
　さらに，黒人英語としての英語の方言を，たとえば，「おら〜だべ」のよう
な調子の日本語を用いて翻訳しようとするときにも，このような役割語の一
つが用いられていることになるであろう。
　なお，本文の「役割語」を用いた解説の部分は，原文に "fictional represen-
tation"（架空の描写）とあったのを，千葉が代わりに「役割語」を用いてその
ように説明したものである。

(6)　If I hadda seen her, I woulda told her.

　このような現象については，Fillmore (1990)，Trotta (2011)
などにも同じような事実の指摘が見られる。たとえば，Fillmore
(1990: 153) は，下記例文 (7a, b) に見るように，主節ばかりか
条件節の助動詞の部分にも would have／would've を用いたよう
な仮定法の文が，彼の周りでかなり広く用いられていることに最
近（すなわち，1990 年頃の時点において）気が付いたというこ
とを報告している。[2]

(7)　a.　If he would have opened it we would have died.
　　　b.　If I would've met you earlier I wouldn't have mar-
　　　　　ried Louise.

　このような文は，上院議員，大統領報道官，大学教授，あるい
は Fillmore のごく親しい友人などが用いているのを実際耳にす
るくらいなので，最近では，仮定法のこの動詞形態がアメリカ英
語の主要な用法になっているのではないかと思うようになったと
いう趣旨のことを Fillmore は述べている。
　さらに，問題の形態は，縮約しない場合の would have と had
have のいずれからも同じ音形の縮約形 'd've が得られるので（下
記例文 (8a, b) 参照），頭の部分（'d）を構成するもともとの助動詞

---

　[2] Dancygier and Sweetser (2005: 63) は，通常の仮定法過去（完了）形動
詞を用いた表現が，意味内容の上でもいつでも「反実仮想の (counterfactual)
事柄」を表すわけではない，すなわち，コンテクスト次第で，反実仮想かど
うか（あるいはその程度）が決まるのに対し，問題となっているこの新しいタ
イプの仮定法は，表現形式の上から反実仮想の用法であることがもっとはっ
きりと分かるような構文となっているということを指摘している。

が would だったのか，それとも had だったのかがわからなく
なっているという問題のほかに，彼の調査したインフォーマント
の中には，縮約されていない形態と縮約された形態のうち，後者
の形態しか用いないと主張する人がいるくらいなので，ことは
やっかいであるというようなことを付け加えている。

  (8) a. If he'd've opened it we'd've died.

       b. If I'd've met you earlier I wouldn't've married
           Louise.

  仮定法のこのような表現形態は，次の例文（9a, b）に見るよう
に，ドイツ語の「接続法第 2 式」の用法（ドイツ語では，仮定法
のことを "Konjunktiv"（＝Eng. "subjunctive"）「接続法」と呼び
（千葉（2013: 112, fn. 11）参照），「接続法第 2 式」の用法では，条
件節と主節の動詞の部分が共に接続法動詞となる）に似ているの
で，Stowell（2008）は英語のこのような用法を "the English
Konjunktiv II"（「英語接続法第 2 式」; 略して K2）と呼んでいる
（千葉（2013: 13, fn. 6）参照）。

  (9) a. Wenn ich Zeit hätte, würde ich ins Kino gehen.
          'If I had time, I would go to the cinema.'

       b. Wenn ich Zeit gehabt hätte, wäre ich ins Kino ge-
          gangen.
          'If I had had time, I would have gone to the cine-
          ma.'

  Stowell（2008）は，英語で K2 としての had've や had of が
許される場合の例として，（10a, b）のような例文（p. 254）を挙

げ，一方，それが許されない場合の例として，（11）のような例
文（p. 265）を挙げている（例文の中に（*of）とあるのは，（　）の中
の語句を選んだ場合の文が非文法的文になるということを表す）。

(10) a. I'd rather she had of focused on one or the other,
         instead of both.

         （彼女が二つ共に焦点を当てるのではなく，どちらか一つだ
         けに焦点を絞っていたらよかったのに）

    b. If there had a been a plan, Iraq might have been
        moving toward self-rule by now.

        （もししっかりとした計画があったならば，イラクは今頃，
        民主政治に向かって動き始めていたかも知れないのに）

(11) Max (would have) said that he would only marry a
      woman who had (*of) earned a lot of money by the
      time she reached the age of 30.

      （30歳になるまでにお金をたくさん稼いでいるような女としか
      結婚しないんだ，とマックスは言った（ことであろう））

　一方，Fillmore（1990）も，例文（12a, b）においては，
hadn't've が許されるのに対して，（13）のような文では，それが
許されないという違いが見られることを指摘している。

(12) a. If we hadn't ('ve) met Harry, where would he be
         now? (p. 139)

    b. I wish she hadn't've said those things. (p. 154)

(13) At that time we still hadn't (*'ve) met Harry. (p. 139)

　例文（12a, b）と例文（13）の両者を比較して言えることは，

前者には仮定法ないし非現実性の特徴が見られるのに対し，後者にはそれが見られず，後者は，むしろ，直説法動詞を要求するような環境になっているということである。したがって，K2 としての縮約形態の許されるのは，「仮定法的環境」に限られるという一般化ができるのではないかと推測されるかもしれない。ただし，もしこれが正しいとしたならば，上記例文 (11) の had (*of) の場合も「仮定法的環境」の中に起こっていると考えられるのであるから，問題の縮約形態が許されないのはどうしてかという問題が生じてくることになるであろう。

　そこで，この一般化をさらに限定して，反実仮想の事柄（注2 参照）を表していることが明らかな場合にのみ，K2 としての縮約形態が許されると考えることにしよう。そうすれば，(13) のみならず，(11) の場合も，この条件を満たしていないと見なすことができるので，これらの場合には，共に問題の形態が許されないということが説明できることになるであろう。というのも，(11) に用いられている had (*of) は，たしかに「仮定法的環境」に現れているとは言え，反実仮想の事柄を表しているとまでは言えないからである。

　ただし，上に示した一般化の可能性がどの程度確かなものかを吟味するには，K2 の現象についてのさらなる事実調査が必要となるかもしれない。

　その際には，たとえば，縮約形態 ’ve が [əv], [v] いずれの発音を伴って用いられるときに許されるのか，あるいは，許されないのかの違いなどにも留意することが必要になるかもしれない。というのも，少なくとも，仮定法現在の動詞の場合は，I’ve, she’s などの縮約形が許されるかどうかは，一般的に，このよう

な発音の違いにより異なりうるということが知られているからで
ある。念のため，このことについて解説した箇所の一部を千葉
(2013: 69f.) から下に引用しておこう（ただし，注40-42は，ここ
では引用するのを省略する）。

> 周知の通り，仮定法節は，どちらかというと，文語的環境
> で用いられることが多いと言える。[40) 口語的表現に見られ
> る音声的特徴の一つに，縮約化の現象（contraction, re-
> duction）を挙げることができる。すなわち，I have, she
> is, will not を，それぞれ，I've, she's, won't のように
> 縮約して発音する現象である。興味あることには，このよ
> うな縮約の現象は，仮定法節には起こらないということが
> 知られている。たとえば，Selkirk (1972: 104-105) の指
> 摘している次のような事実[41) を Chiba (1987: 58) が紹介
> している。すなわち，下記例文 (93) に見るように，直説
> 法動詞の場合には，縮約してもしなくても，共に文法的文
> となるが，仮定法節の場合は，(94) に見るように，イタ
> リック体の部分を縮約形として発音すると非文となる。

(93) a. She insists that *they have* / *they've* completed the job.

　　 b. I know that *they've* already left.

　　 c. We realize that *you've* been here before.

(94) a. She insists that *they have* / **they've* completed the job by 10;00 today.

　　 b. I demand that *they have* / **they've* removed their shoes before entering.

    c. We request that *you have*/**you've* departed by
        no later than Wednesday.

ここで注意すべきは，縮約の種類によっては，仮定法節の
中においても縮約が可能になる場合があるということである。すなわち，縮約形 they've の場合を例にとって説明すると，縮約形には，[ðejəv] と [ðejv] の二つの異なる音声形があり，直説法動詞の場合には，どちらの音声形も許されるが，一方，仮定法現在形動詞の場合には，[ðejəv] のように，母音 [ə] が保たれたままの縮約形は許されるのに対し，その母音を削除する形の縮約形 [ðejv] は許されないという違いが見られるのである。同じように，上記例文（94c）の場合は，縮約形 [yuwəv] は許されるが，[yuwv] は許されないという違いが見られる。[42]

さらに詳しい解説については，千葉（2013: 69ff.）参照。

　以上，仮定法過去（完了）を表す形態，あるいは，反実仮想の事柄を表す形態について，類似したいくつかの種類の縮約形を一緒にして取り上げてきたので，話が少々込み入ってきていると思われるかもしれない。そこで，Dancygier and Sweetser（2005: 63）の説明に従って，ポイントとなる部分の整理をしてみよう。

　まず，彼らは，下記例文（14）の下線部を言語使用者が「拡大解釈して」，（15a）のような表現，さらには（15b）のようなものまで作り出すことがあるという事実を指摘している。

（14）　If I'da/I'd've/I'd of known you were coming, I'da/
       I'd've/I'd of stayed home.

（15）a.　If I woulda known you were coming, I woulda

　　　stayed home.

　b.　If I hadda known you were coming, I woulda
　　　stayed home.

　この場合，なぜ「拡大解釈」と言えるのかというと，これらの
表現は，Fillmore も指摘するように，例文（14）の if 節の助動
詞部分を形成する縮約された形態（'da/'d've/'d of）を「分解」
した結果，本当は許されないはずの had have の形態を想定し，
さらには，仮定法の条件節（＝ if 節）の中にまで would have の
形態を想定し，それを基に縮約形態 hadda や woulda を作り上
げていると考えられるからである。

　このような新しい形態 hadda がどのようにして誕生するのか
（すなわち，hadda の言語発達）について，もう少し詳しく考え
てみよう。まず，言語使用者が hadda を使い始める以前のどこ
かの段階で，woulda, coulda, shoulda のような縮約形態が，特
に「非現実性」を表す表現として，条件文の帰結節の部分で使わ
れている[3] ことをすでに経験しているであろうということはか
なり明らかなので，これを基にして，同じく非現実性の特徴を
伴った新しい表現 hadda をいわば類推的に作り出すのであろ
うと推測される。（否定形態 hadn'ta についても，同じように，
couldn'ta, wouldn'ta, shouldn'ta を基に作り出されるのであろ
うと考えられる。）[4]

---

　[3] この点で，これらの縮約形態は would have, should have, could have
などと用法が微妙に異なるということについては，注 2 を参照。
　[4] Dancygier and Sweetser（2005: 63）は，同じような類推作用をさらに一
歩進めると，この hadda から had've, had of などの表現が「逆成語（back-

　最後に，同じように興味深い事実として，coulda / shoulda /
woulda の後ろの動詞が過去分詞形でなく過去形となっているよ
うな形態を用いる人たちもいるということを，Trotta（2011:
146f.）が次のような例文を挙げながら指摘しているということ
を記しておこう。

(16) a.　I knew I shoulda <u>took</u> a nap.

　　 b.　I coulda <u>wrote</u> more but who wants to read that.

　　 c.　… people dont [*sic*] wanna fight me.　if [*sic*] they
　　　　 did they woulda <u>did</u> it by now!

第15章 「隣接性」がかかわる現象

　文や節などの言語表現を構成する小さな単位である語彙項目
(e.g. Susan, walk, quickly) や文法的構成素 (e.g. PAST, Q,
Neg) を組み合わせて，次第に大きなかたまりにまとめ上げてい
くときには，文法的に認められた一定の方式に従った形で，その
ような作業が進められていくことになる。たとえば，ある動詞を
選んで，さらにその動詞を動詞句のかたまりに拡大させようとす
るときには，その動詞が要求する（あるいは，許される）相手を
適当に選ぶことにより，組み合わせ作業が進められなければなら
ない。具体的には，それぞれの動詞ごとに，たとえば，that 節，
不定詞，動名詞，あるいは普通の名詞句などのうち，どれを動詞
の補部（complement）として選ぶことができるかの情報が，ちょ
うど，私たちが日常用いる英語の辞書の中に，その種の情報が記
されているのと同じように，心の中の文法の一部を占めるレキシ
コン（心的辞書）の中に，必要な情報の一つとして記載されてい
るものと考えられる。

　具体例を挙げて示すと，たとえば，動詞 want が選ぶことのできる補部の種類としては，普通の名詞句のほかに，補文として不定詞は許されるが，that 節は許されない。一方，動詞 demand は that 節を選ぶことができるが，ただし，特にアメリカ英語では，その that 節の動詞はふつう仮定法現在形になる（千葉（近刊：4.6 節）参照），といったような制約を定めた情報がレキシコンの中に記載されている。

　この種の制約は，ふつう厳密に守られた形で，それぞれの構成素の組み合わせが行われるのであるが，ただし，その後の文の生成過程の中で，ある種の構造変化が生じることにより，そのような制限を厳密には満たしていないと思われるような言語表現が可能になることがある。以下に示すのは，そのような例のいくつかである。

　まず，仮定法現在動詞からなる that 節，すなわち，仮定法節について考えてみよう（以下の解説およびそこに取り上げる例文は，千葉（2013: 20; 2019a: Ch. 10）に基づいている）。上でも述べたように，動詞 want は，下記例文（1a–c）が示すように，ふつう仮定法節を取ることができないが，例文（2）に見るように，同じような意味を表す動詞 prefer が仮定法節を取ることができたり，あるいは，英語以外の言語（たとえば，フランス語）においては，例文（3）に示すように，want に相当する動詞が仮定法節を取ることができるというようなことを考えると，（1a–c）のような文が非文法的文となるのは，偶然的なことのようにも思えるかもしれない。

(1) a. *I want that he be tickled mercilessly.

　　b. *I want that you be happy.

　　c. *The students want that Bill visit Paris.

(2)　The students prefer that Bill visit Paris.

(3)　Jean veut　qu'il　pleuve.

　　Jean wants that-it rain.SUBJ　　　[SUBJ = subjunctive]

　　'Jean wants it to rain.'

　興味あることには，次の例文（4a–e）に見るような言語的環境においては，動詞 want が仮定法節と共に用いることができるということがわかる。

(4) a.　What I want is that he be tickled mercilessly.

　　b.　What John wants is that he win the race.

　　c.　All I want is that you be happy.

　　d.　I want only that you be happy.

　　e.　John wants it of Bill that he clean the house.

Pesetsky（1982: 674）によると，仮定法節や不定詞構文など，ある特定の補文の選択可能性について，「不可能である」という場合と，「可能であるが，実際には起こらない」という場合とを区別できるということになる。たとえば，英語の多くの母語話者の持つ言語直観からすると，下記例文のうち，（5a, b）のほうが（6a, b）に比べ文法性が勝っているということになる（# の記号は，ここでは，「可能であるが，実際は起こらない」ことを表す）。

(5) a. #I want [for you to come earlier]

　　b. #I want [that John be elected president]

   (6) a. *I believed [for you to come earlier]

        b. *I believed [that John be elected president]

　なお，動詞 want の補文の中に法助動詞 should を用いることができるかどうかについても，ここで触れておこう。すなわち，千葉（2013: 20, fn. 8）は，例文（7a, b）に見るように，should を用いることが許されるようなアメリカ英語の方言が存在することを指摘している。

   (7) a. I want that he <u>should</u> win.

        b. I want that she <u>should</u> be there.

　さらに，Curme（1931: 247）によると，（おそらく，1930 年代の英語のことであろう——千葉）当時のアメリカ英語では，口語的で方言的な言い方として，下記（8a）のような文が（ふつう that を省略する形で）用いられていたということである（Laura Ingalls Wilder, *Farmer Boy*（Puffin Books, p. 234）の中から同種の例を（8b）として挙げておこう）。

   (8) a. He wanted Luke <u>should</u> go with him.

        b. "Well, son, you think about it," said Father. "I want you <u>should</u> make up your own mind …"

　なお，Rutherford（1997: 69）においては，動詞 want が法助動詞 should をともなう that 節を補文とする例文が，次のように，文法的文として扱われているのであるが，この用法が，現在，一般的に許されると読めるような記述をしている文法書は珍しいと思われる，ということも千葉は指摘している。

(9)　We believed / wanted / *persuaded that he should be more honest.

　動詞 want の持つ特徴について，最後に，James (1980: 200) によると，上記例文 (1a-c) のような仮定法現在の文が，意味的には異常なところがないが，慣用語法的に大いに問題があるのでほとんど受け入れられないのに対し，直説法動詞による that 節を用いた場合には，意味的に異常な文となるという趣旨の説明をしているのも，上で紹介した Pesetsky によるものと同種の捉え方であると言えるであろう。

　同じように，動詞 express も want と似た振る舞いを見せるということがわかる。すなわち，下記例文 (10a) に見るように，動詞 express は，すぐ後ろに that 節補文を従えることができないが，(10b) のような疑似分裂文 (pseudo-cleft sentence) の中では，that 節補文を用いることが可能となるという事実が知られている。

(10)　a.　*John expressed [that he was disappointed].

　　　 b.　What John expressed was [that he was disappoint-ed].

　上記例文 (4) および (10) には，それぞれ，that 節の中の動詞が仮定法現在と直説法動詞という違いはあるものの，主節の動詞に隣接した形では許されない that 節補文が，疑似分裂文のように，その「隣接性が壊れる」ことによって，that 節補文が可能となるという点で，共通点が見られるのは，大変興味深いと思われ

120

る。[1]

　動詞 express（および capture）については，D. Anderson
（2005: Ch. 2）が tough 構文の文に関しても同じような現象が見
られることを指摘している。すなわち，下記例文（11a）は許され
ないのに対し，問題の that 節を tough 構文の主語の位置に移動し
たような文は文法的文となるという違いが見られることになる。[2]

---

　[1] 次のような例文においても，下線部の仮定法節と主節動詞 want の隣接性
が保たれていないことが，このような文を自然な文として用いることができ
る原因ではないか思われる。また，それと同時に，この場合は，that 節の直
前の動詞 demand が，仮定法節としての that 節を認可できるということも大
きく影響していると言えるであろう。

　　(i)　He <u>wants</u>, but knows that he can never demand, <u>that praise be</u>
　　　　<u>showered</u> on him.　(Simon Winchester, *The Professor and the*
　　　　Madman: A Tale of Murder, Insanity, and the Making of The Ox-
　　　　ford English Dictionary, p. 156, Harper Collins, New York, 1998)

　[2] D. Anderson（2005）は，Jacobson（1992），Wilder（1991），Mulder and
den Dikken（1992）などにも同じような事実の指摘が見られるということを
報告している（本文中の例文（11a, b）は Jacobson（1992: 286）の挙げてい
る例文に基づくものであると断っている）。

　D. Anderson はまた，Mulder and den Dikken（1992: 307）の事実指摘に
基づき，次のような二つの文，ただし，この場合には，that 節補文ではなく
for-to 補文が問題となっているという違いはあるが，の間にも同じような違
いが見られるということにも触れている。

　　(i)　a.　For him to be top of his class is hard to believe.

　　　　b.　*It is hard to believe for him to be top of his class.

　このような for-to 補文がかかわる例としては，ほかに，本文の例文（5a）
［ここに，(iia) として再録］が不自然な文であるのに対し，例文（iib, c）
（Chomsky（1981: 19）より）のような文が文法的文となるという事実を挙げ
ることができるであろう。

　　(ii)　a.　#I want for you to come earlier.

　　　　b.　The students want very much for Bill to visit Paris.

　　　　c.　What the students want is for Bill to visit Paris.

(11) a. *It is hard for any theory to capture / express [that
　　　language is learnable].

　　b. [That language is learnable] is hard for any theory
　　　to capture / express.

　例文 (11a, b) のように，元の文が非文法的文であっても，そ
れに対応する tough 構文の文が自然な文として受け入れられる
ことがあるということを示す例としては，ほかに，Song (2008:
23f.) の指摘する次のような例文を挙げることができるであろう。

(12) a. I imagined the slopes would be almost insultingly
　　　easy to ski.

　　　（そのスロープなら，ほとんど人をバカにしているくらい，
　　　スキーで滑るのが簡単であろうと私は想像した）

　　b. She would have found it difficult to cope if it had
　　　been the other way round.

　　　（もし事実がそれとは逆であったとしたなら，おそらく彼女
　　　は，うまく対処するのが難しいと感じたことであろう）

　　c. This surface is impossible to play, Bruguera be-
　　　moaned.

　　　（このグラウンドはプレイするのが不可能だとブルーゲラは
　　　不満を漏らした）

　tough 構文の文は，ふつう不定詞の目的語や前置詞の目的語の
位置を占める要素を，主節主語の位置に移動させるという特徴を
示す。ただし，上記例文 (12a–c) の場合には，それぞれ，移動
されたはずの要素 the slopes, it, this surface を，移動前の位置

に引き戻してできる（13a-c）のような文は，いずれも非文法的
になることがわかるであろう（特に，下線部の語句の組み合わせ
方が問題となることに注意）。

(13) a. *I imagined it would be almost insultingly easy to <u>ski the slopes</u>.

　　 b. *She would have found it difficult to <u>cope it</u> if it had been the other way round.

　　 c. *It is impossible to <u>play this surface</u>, Bruguera bemoaned.

このことは，すなわち，主節主語と不定詞内の元の位置とを厳
密に統語的に結びつけることのできないような tough 構文の文
が許されるということを意味している。[3]

ふつう厳密に作用すると考えられる，隣接する二つの要素の組
み合わせに関する制約の中には，以上観察したように，ある種の
構造変化を受けた結果，特に両者の間の隣接性が崩れることによ
り，その制約が厳密に働かなくなるという現象が見られることが
ある。同じような現象が見られる別の例として，次に等位構造に
関するものを取り上げてみよう。

たとえば，動詞の補部（目的語）として X and Y のように等

---

[3] Grover (1995: 40) は，両者の結びつきが意味的・統語的に厳密で，両者
が同一であると言えるような場合には「強結合性（strong connectivity）」が見
られると言っている。それに対し，tough 構文の場合には，例文（12a-c）の
ように，両者の結びつきが緩やかであると言えるので，「弱結合性（weak
connectivity）」の見られる例であるということになるであろう（千葉（2019a:
Ch. 10, note 1）参照）。

位構造をなす表現をその動詞に結合しようとするときには，普通
は，X と Y が共にその動詞の補部となりうるものでなければな
らないという制約が働いている。ところが，単独では補部となれ
ないような Y の場合でも，補部となれる X と等位構造をなすよ
うな場合に，その X and Y を動詞と合体させて自然な表現を作
り出すことがある。次に挙げる例文（稲田（1988: 67）より）が，
そのような場合を示す具体例の一つである。

(14) a.　She wondered [what there was for dinner].

　　 b.　*She wondered [the kind of mood that her father
　　　　would be in].

　　 c.　She wondered [what there was for dinner] and [the
　　　　kind of mood that her father would be in].

　　　　　　　　　　　　　　　　　　(Jespersen, *MEG* III, p. 77)

　　　　（彼女は，夕食のご馳走にはどんなものが出るのだろうか，
　　　　また，父のご機嫌はどんなだろうかと思った）

　すなわち，動詞 wonder は，ふつう疑問文など，[＋wh] の特
性を持つような要素が補部として選ばれなければならないので，
(14a) は自然な文となるが，(14b) は非文法的な文となる。にも
かかわらず，(14c) は自然な文として用いることができるという
事実がある。この場合，X and Y の語順を入れ替えて，Y and
X のような等位構造にすると，下記例文 (15) に示すように，全
体として不自然な文になるのであるから，Y，すなわち，the
kind of mood that her father would be in が，動詞 wondered の
補部（の一部）として許されているのは，両者の間の隣接性が壊
されているということが，重要な要因となっているであろうと推

測される。[4]

(15) *She wondered [the kind of mood that her father would be in] and [what there was for dinner].

（例文 (14a-c) と同種の別の例，およびその解説については，稲田（1988: 67f.）参照。）

　本来ならば非文法的文となるはずの文が，隣接性が壊れることにより，文法的文に変わるというような捉え方ができるような場合の別の例として，次のような言語事実を取り上げることができるであろう。

(16) a. Leslie said (that) the man was the mayor of the city.

　　 b. *Robin met the man who Leslie said that *t* was the mayor of the city.

---

[4] 等位構造 X and Y を形成する要素 X と Y には，同一範疇と認められるような要素でなければならないという制約がある。本文中の例文 (14c) が文法的文となるのは，単に，問題の隣接性が壊れているためだけではなく，このような「同一範疇の制約」をもなんらかの形で回避できているからであるに違いない。すなわち，例文 (14c) の the kind of mood that her father would be in の部分は，稲田 (1988: 67) が指摘するように，「潜伏疑問文（concealed question）」（千葉 (1977) 参照）と呼ばれ，意味的には間接疑問文と等価であるとみなされることになる。おそらく，X and Y の X の位置を占める what there was for dinner が純然たる（間接）疑問文であるので，その影響を強く受けて，Y も what kind of mood her father would be in のような意味内容の間接疑問文としての解釈が可能となるに違いない（千葉（近刊：3.6 節）参照）。

　なお，「異なる範疇の等位構造」が許される場合の仕組みについて詳しくは，稲田 (1988) 参照。

c. Robin met the man who Leslie said *t* was the mayor of the city.

(例文 (16b) は Culicover (1993: 557) より。*t* は wh 移動
により生じる「痕跡 (trace)」を示す。)

例文 (16a) に見るように，このような文においては，接続詞
that はあってもなくても文法的な文となるが，一方，(16b, c)
に見るように，that 節の主語の位置から wh 移動の規則により名
詞句を取り出してできる関係詞節がその一部となったような文の
場合には，接続詞 that を用いないほうの文 (16c) だけが文法的
となる。また，関係詞節のほか，wh 疑問文の場合にも，同じよ
うな現象が見られることが，次のような例文からわかるであろ
う。

(17) a. *Who did Leslie say that *t* was the mayor of the city?

b. Who did Leslie say *t* was the mayor of the city?

このように，that-*t* の連鎖を含む文は一般的に非文法的文とな
ることが知られている（このような現象のことを「that-*t* 効果
(that-*t* effect)」と呼ぶ）。一方，Culicover (1993: 558f.) が指摘
するように，副詞句や前置詞句などが that と痕跡 *t* の間に入り
込んだような格好の文 (18a–c) の場合は，文法的な文となると
いう事実がある。

(18) a. Robin met the man who Leslie said that <u>for all intents and purposes</u> *t* was the mayor of the city.

（どう見てもその市の市長に違いないとレズリーが言った男

　　　　にロビンは面会した）

b. This is the tree that I said that just yesterday *t* had resisted my shovel.

　　　（昨日シャベルで掘り起こすのに大いにてこずったと私の言った木はこれです）

c. I asked what Leslie said that in her opinion *t* had made Robin give a book to Lee.

　　　（ロビンがリーに本をあげる気になったその原因は何だとレズリーが思ったと言ったのか私は尋ねてみた）

　おそらく，このような場合は，that と *t* との隣接性が壊れるために，that-*t* 効果が生じないのであろうと推測できる。すなわち，このような現象も，隣接性がかかわる場合の一つに加えることができるように思われる。

　これまで，元になる表現そのものは許されなくても，それにある種の構造変化が加わると，問題のない自然な表現が得られることがあるという現象をいくつか取り上げてきた。最後に，これまで取り上げてきた例とどこか共通性の見られる現象を示す例として，第5章「否定疑問文と付加疑問文」で取り扱った例文（3a–c）と（4a–c）（下に，それぞれ，（19a–c），（20a–c）として再録）との間に見られる文法性の違いのことをここで再び話題にすることにしよう。

(19) a. Isn't John running?

　　 b. Hasn't John been running?

　　 c. Won't John have been running?

(20) a. *Is not John running?

b. *Has not John been running?

c. *Will not John have been running?

　すなわち，口語的な否定疑問文の文としては，(20) の文頭の助動詞と否定語 not を縮約させた (19) のような文がふつう用いられる。もし，(19a-c) に見られる縮約形が，それぞれ，(20a-c) のような表現を基にして得られるのであれば，この場合の縮約操作は義務的なものと考えることになるであろう。[5]

　なお，このように，もともとの表現ではなく，それに対応する縮約形としての表現のほうだけが用いられるという現象については，　第 14 章「could / would / should of = could / would / should have——仮定法に見る新しい動き」で取り上げた例文 (8a, b)（下に (21a, b) として再録）に見られる縮約形の場合も，そのような例の一つに加えることができるであろう。

(21) a. If he'd've opened it we'd've died.

　　 b. If I'd've met you earlier I wouldn't've married Louise.

　すなわち，Fillmore (1990: 153) によると，このような仮定法の文の場合，彼の調査したインフォーマントの中には，縮約されていない形態と縮約された形態のうち，後者の形態しか用いないと主張する人がいるとのことである。

　ここで，以上の考察をまとめてみよう。最初の箇所で説明した

---

[5] ただし，won't に関しては，最初から won't の形をした単独の形態であるとする分析も提案されている (Zwicky and Pullum (1983), S. Anderson (2005: 28) 参照)。

ように，ある特定の言語表現を作り出すためには，レキシコンの中のいくつかの語彙的（あるいは文法的）要素を，そこに定められた制約に従って，適当に組み合わせる作業を経ることになる。さらに，この種の制約は，ふつう，厳密に守られ，それらの制約に従わないような要素の組み合わせは，非文法的なものとして，その段階で捨て去られるものと考えられる。ところが，上でいくつかの言語データを取り上げて示したように，本来捨て去られるはずの言語表現が，そこに何らかの文法的操作が加わることにより，文法的文に様変わりすることがあるということがわかる。このようなことから，次のような疑問が頭をもたげてくるかもしれない。すなわち，私たちの心あるいは脳の中にあると考えられる文法（これを「心的文法」と呼ぶことがある）の働きについての疑問である。心的文法の持つ重要な働きを簡単にまとめるとすると，「文法的なものすべてを作り出し，非文法的なものは一つも作り出さないような仕組み」[6] であると言うことができる。「文法的なもの」と「非文法的なもの」との区別は，一見簡単そうに思えるかもしれないが，上で取り上げたような英語の現象や事実のことを考えてみると，心的文法の中身は，かなり複雑な仕組みから出来上がっているのかもしれないというふうにも思えてくるに違いない。いったいどのような仕組みになっているのだろうかと

---

[6] 次に引用する Chomsky (1957: 13) による説明を参照：

"The grammar of L [= a language] will thus be a device that generates all of the grammatical sequences of L and none of the ungrammatical ones."

（したがって，言語 L の文法とは，L における文法的連続体のすべてを生成する一方，非文法的なものはいっさい生成しない仕組みのことであるということになるであろう）

いう問題に取り組むのが文法研究である。

　このような問題と密接に関係するという意味において，上で取り上げたようないくつかの現象は，学問あるいは科学としての文法研究を進めていこうとするときには，一つの興味ある研究課題となりうるであろう。

第 16 章　**Just as … so …** とその仲間たち

　英語の表現の中には，ある種のイディオムに見られるように，いつも固定した表現形式が用いられることもあれば，土台となる基本的な表現形式を中心として，部分的に異なるいくつかの変種が生まれて，それらが共に用いられるようになるものもある。ここで取り上げるのは，後者のグループに属する相関接続詞（just）as … so … の場合である。

　接続詞 as の用法の一つとして，proportion（釣り合い，調和）(Leech and Svartvik (1994: 120)) ないし similarity and comparison（類似と比較）(Quirk et al. (1985: 1110)) を表すとされる as で導かれる従属節の後ろに，それに呼応する意味内容の主節部分が so … の形で続く次のような構文が，特に文語調の文体で用いられることがある。なお，例文（1b）のように，「比較を強調するために just を用いることがある」(『ジーニアス英和大辞典』s.v. *as*（接）)。

(1) a.　As the equations became more involved and de-
tailed, so their connection to the basic phenomenon
grew more tenuous.　(Leech and Svartvik (1994: 120))
(そのような方程式がもっと複雑になり，細部に渡るように
なるに従って，基本的現象との結びつきもまた，より希薄
なものになってきた)

b.　(Just) as a moth is attracted by a light, so he was
fascinated by her.　　　　(Quirk et al. (1985: 1110))
(ちょうど蛾が光に吸い寄せられるように，彼もまた彼女に
魅了された)

　上記例文 (1b) に見るように，現代英語においては普通に用い
られている just as ... so ... の構文ではあるが，歴史的には，as
... so ... の構文の登場後，だいぶ遅れて登場するようになると
言える。*OED Online* (s.v. *as,* conj.) は，as ... so ... の構文を，
その意味用法に従って三つの種類に分類している。すなわち，
「類似性または対応 (similarity or correspondence)」を表す用法，
「平行性 (parallelism)」を表す用法，および「比例，均衡 (pro-
portion)」を表す用法の 3 種類である (それぞれの用法の代表的例文
として，下に引用する例文 (2a), (2b), (2c) を参照)。

(2) a.　2007　*Wall St. Jrnl.* 12 Apr. a15 / 1
As Baghdad goes, so goes Iraq.
(バグダッドの戦況次第で，イラク全体の戦況も変わる)

b.　1713　W. Derham *Physico-theol.* iv. x. 171
As they are the most pernicious of Birds, so are
[they] the most rare.

（それらは最も有害な鳥であるのと同時に，また最も珍しい
鳥でもある）

c. 1866 A. Crump *Pract. Treat. Banking* xi. 244

<u>As</u> the price of the article increases, <u>so</u> do the bad
debts increase.

（その商品の値段が上がるにつれ，不良債権もまた増加す
る）

　上記 3 種類の用法の引用例として *OED Online* に挙げられて
いるもののうち，特に接続詞 as, so いずれの後ろにも主語・述
語よりなる節の形が続く場合の例文だけに限って言えば，最初の
グループの初出例は OE 時代のものであるが，2 番目，3 番目の
グループの初出例は，いずれも 1400 年代に入ってからのもので
あることがわかる。

　なお，just as … so … のように，just を伴った構文について
は，*OED*, 2nd ed. および *OED Online* を調べてみても，as,
so, just いずれの項目においても解説および該当例文を見いだす
ことができないことがわかる。ただし，Advanced research 機能
を用いて *OED Online* 全体の引用例を検索してみると，おおよ
そ 120 程度の該当例が得られることがわかる（2019 年 10 月 18 日
調べ）。そのうち，大部分のものは 19 世紀以降のものであるが，
中に，下に（3）として引用する 17 世紀のものが含まれているの
が注目に値すると思われる。ただし，上でも触れたように，
OED の場合，as, so, just いずれの項目においても just as …
so … 構文の例を取り上げていないという事情もあり，上に指摘
したおよそ 120 の該当例だけを基にして，その中のある特定の

引用例を取り上げて，「これが，*OED* に引用されている just as
… so … 構文の初出例である」というような提示の仕方はでき
ないということにも注意しなければならない。

(3)　1697　J. Norris *Acct. Reason & Faith* ii. 91

Just as in the Subalternation of Sciences, that which is
a Conclusion in one is a Principle in the other, so 'tis
here in the Subalternation of these two Faiths, whereof
that which is Explicit may be said to be Subalternated
to that which is Implicit.

（ちょうど科学における特称命題化において，ある論証の中の
結論が別の論証においてそれが原理として用いられるのと同じ
ように，ここで問題となっている二つの教義の間においても，
明示的であるものが特称命題化されて，暗黙的なものの如く言
われる可能性があるという形でそれが見られる）

　一方，言語使用に関する歴史的発達の模様を探ることのできる
データベース Early English Books Online（1470s–1690s）を調
べてみると，17 世紀に入ってようやく，just as … so … の構文
が登場し始めるようになるということを確かめることができる。
また，欽定訳聖書（King James Version, KJV（1611））と Shake-
speare の作品を調べた結果，いずれにも，この構文の使用の例
は見いだすことができないということがわかる。さらに，KJV
の場合には，just as を単独で用いる例自体も見いだせないのに
対し，Shakespeare の場合には，just as を単独で用いた文の使
用例は見いだすことができることがわかる。ただし，KJV には，
just に相当する副詞で，"exactly, precisely" の意味を表す副詞

even を用いた even as … so … の構文は，下記例文（4a, b）（日本語訳は，『聖書 新改訳 2017』（新日本聖書刊行会）による）に見るように，いくつか見いだすことができることがわかる。（なお，この意味の even の用法は，古英語にすでに見いだすことができる。）[1]

(4) a. Even as the roebuck and the hart is eaten, so thou shalt eat them: the unclean and the clean shall eat of them alike. (KJV, Deuteronomy 12: 22)

（かもしかや鹿を食べるように，それを食べてもよい。汚れた人ときよい人が一緒にそれを食べてもよい）

b. Even as the Lord commanded Moses, so did the daughters of Zelophehad: (KJV, Numbers 36: 10)

（ツェロフハデの娘たちは，主がモーセに命じられたとおりに行った）

大雑把に言えば，このように，最初，as … so … の形で登場した問題の構文が，時代の流れとともに，少なくとも，even as … so … や just as … so … のような変異形を途中生み出す形で，今日まで発展してきているというような構図が見えてくるこ

---

[1] 『新英和大辞典』第 6 版, s.v. *even* adv. 2b には，次のような例が日本語訳と共に挙げられている。

(i) Even as you deceived him, (so) he has deceived you.
（君が彼をだましたとちょうど同じように彼は君をだました）

なお，KJV の中に見いだすことのできる as … so … 構文の変種としては，even as … (even) so … のほかに，as …, even so …; also so … even as …; as (also) …, even as (also) …; like as …, (even) so …; surely as …, so … などがある。

とになる。

　このような観点から，そのほかの変異形で，現代英語において見いだすことのできるものをさらに調べてみると，以下のようなものが使用されていることがわかる。例文を全体的に眺めてわかるように，so 以下の主節部分の語順は，一般的に，主語・述語の倒置が起こる場合と起こらない場合の二種類が共に許されると言える。

　　as …, so …

　(5)　As the clothes that people wore changed, for example, over the ten decades of the 20th century, so, as we might expect, did the precise ways in which they spoke.　(P. H. Matthews, *Linguistics: A Very Short Introduction*, p. 40, Oxford University Press, 2003)

　　（人々の着る衣服が 20 世紀の 100 年の間に変化したのと同じように，人々の明瞭な話し方にもまた変化が見られたというのは，想像に難くないことであろう）

　as …, so also …

　(6)　As children are learning to become competent members of their society, so also are they learning to become competent speakers of their language.　(Elinnor Ochs, *Culture and Language Development*, p. i, Cambridge University Press, 1988)

　　（子供たちが社会を構成する一人前のメンバーとしての技量を身につけていくのと同様，自分たちの母語の一人前の話者としてのすべを身につけていくのです）

as ..., so too ...

(7) <u>As</u> the worldwide population increases, <u>so too</u> does the challenge of sustainably producing enough healthy food. ("Global Nutrition," *Science & the City*, 9 June 2014, The New York Academy of Sciences)

（世界の人口が増加するに従って，それに見合った量の健康な食物生産を維持するにはどうしたらよいかという問題もそれだけ深刻になる）

just as ..., so ...

(8) <u>Just as</u> the papers reflect these broad areas of agreement, <u>so</u> they differ sharply in terms of the theory of adult competence to which they subscribe. (Brian MacWhinney (ed.), *Mechanisms of Language Acquisition*, p. xii, Lawrence Erlbaum Associates, 1989)

（ここに収録した論文が，互いに意見の一致をみることのできるこれら幅広い分野をカバーしているのと同様，おとなの言語能力に関して自分たちが信頼する理論の点からは，お互いに鋭く対立していると言えます）

just as ..., so too ...

(9) <u>Just as</u> differences in syntactic structure between sentences correlate with semantic differences (...), <u>so too</u> they correlate with phonological differences (...).

(Andrew Radford, *Transformational Grammar: A First Course*, p. 68, Cambridge University Press, 1988)

（いくつかの文の間に見られる統語構造上の違いが，意味的違

いに呼応しているのとちょうど同じように，音韻的違いにも呼応しているのです）

just as …, so too … also …

(10) Just as we have clear evidence that Heather has a well developed D-system, so too we also find evidence of a highly developed I-system.　(Andrew Radford, *Syntactic Theory and the Acquisition of English Syntax*, p. 281, Basil Blackwell, 1990)

（ヒーザーが十分発達した D 組織（名詞句構造）をすでに習得しているとする明らかな証拠があるのと同じように，高度に発達した I 組織（時制句構造）の知識をも身につけているという証拠をもまた見いだすことができます）

just as …, so also …

(11) Certainly, just as a river flows towards a great sea, so also does the flow of human beings, of humanity, as it heads towards the realization of a great society.　(Yasushi Inoue, *Confucius*, p. 105. Translated from the Japanese by Roger K. Thomas. London: Peter Owen, 1992)

（確かに，ちょうど，川が大海に向け流れるのと同じように，偉大な社会の実現を目指しているときの人類および人間性の流れもまた然りである）

　これらの変種がさらに拡張されると，次に取り上げるような，文頭の接続詞 as の代わりに if や while を用いたようなものも登場することになる。ただし，このような場合には，as とは異

なる意味を表す if や while の存在によって，意味用法が部分的には異なることになるであろう。

(12) a. If in the old framework predicates describing lin-
guistic behavior and ability are monadic—that is,
"John speaks, listens, reads, or writes"—then so is
the predicate in "John knows L." (Yosef Grodzinsky,
Theorretical Perspectives on Language Deficits, pp. 7-8,
MIT Press, 1990)

(もし，古い枠組においては，言語による行動や能力を記述
する述語は単一体であるとするならば——たとえば，「ジョ
ンは話し，聞き，読み，また書く」のように——「ジョンは
言語 L を知っている」というときの述語についてもまた同
じことが言える)

b. While a Soviet threat may be a thing of the past, so
too are millions of jobs building everything from
aircraft to missiles to radar systems. (*The Daily Yo-
miuri*, March 19, 1995, p. 3)

(ソ連の脅威が過去のものと言えるかもしれないのと同様，
航空機から始まって，ミサイルやレーダー装置に至るあら
ゆるものを作り出す何百万もの仕事もまたそうであろう)

なお，注 1 において触れた変種の一つで，KJV に見いだすこ
とのできる変種 like as … (even) so については，*OED Online*,
s.v. *like* conj. の Phrases を扱った箇所 (Pl. a(c)) に，c1425 年の
初出例のほか，以下に挙げる 2 例を含む 9 つの引用例が示され
ているのを見ることができる ((13b) においては，その引用の中で省

略されている部分を［　］の中に補って示してある）。ただし，この構文は「現代ではまれな用法である」との但し書きが付いている。

(13) a.　1535 Bible (Coverdale) Psalms cii[i]. 13

　　　　Like as a father pitieth his owne children, euen so
　　　　is the Lord mercifull vnto them that feare him.

　　　cf. Like as a father pitieth his children, so the
　　　　LORD pitieth them that fear him.　(KJV, Psalms
　　　　103: 13)

　　　（父がその子をあわれむように主はご自分を恐れる者をあわ
　　　れまれる）

　　b.　1609 W. Shakespeare *Sonnets* lx. sig. E

　　　　Like as the waues make towards the pibled shore,
　　　　So [do] our minuites [hasten to their end;]

　　　（ちょうど，小石に埋もれた浜辺に浪が押しよせるように，
　　　私たちの時間も，刻々と，終りへむかって急いでいる）（高
　　　松雄一訳）

　一方，Merriam-Webster <https://www.merriam-webster. com/
dictionary/like%20as> は，like as の用法について，「主として
方言的用法」であり，「今では，ふつう like as if の形で用いる」
と断っていることがわかる。

　なお，KJV で like as ... so ... のように表記されている構文
が，ほかの英語訳聖書では，(just) like ... so ... のようになっ
ているような場合の例を見いだすことができるので，参考のた
め，以下にそのような例をいくつか引用しておこう（(14)–(17)
の例では，いずれも，KJV からの例を最初に挙げ，それ以外の英語訳聖

書からの例をその下に並べて示してある）。

(14) a. Like as a father pitieth his children, so the LORD pitieth them that fear him. [= (13a) の下の cf. の例]

　　 b. Like a father has compassion on his children, So Yahweh has compassion on those who fear him. (World English Bible)

　　 c. Like a father hath love for his sons and daughters, so the Lord hath love for those who fear him / for those who revere him; (Wycliffe (1395))

　　 d. Like a father has compassion on his children, So the LORD has compassion on those who fear him. (Hebrew Names Version)

(15) a. Like as I pleaded with your fathers in the wilderness of the land of Egypt, so will I plead with you, saith the Lord God. (KJV, Ezekiel 20: 36)

　　　 （わたしは，あなたがたの先祖をエジプトの地の荒野でさばいたように，あなたがたをさばく―神である主のことば―）

　　 b. Like I pronounced judgement against your forefathers in the desert, or in the wilderness, in the land of Egypt, so now I shall judge you, saith the Lord; (Wycliffe (1395))

(16) a. Like as a woman with child, that draweth near the time of her delivery, is in pain, and crieth out in her pangs; so have we been in thy sight, O LORD. (KJV, Isaiah 26: 17)

（子を生む時が近づいた妊婦が産みの苦しみで，もだえ叫ぶ
ように，主よ，私たちは御前でそのようでした）

b.　Like a woman with child, that draweth near the
time of her delivery, in travail, and crieth out in her
pangs; so have we been in Thy sight, Hashem.
(Orthodox Jewish Bible)

(17) a.　Therefore we are buried with him by baptism into
death: that like as Christ was raised up from the
dead by the glory of the Father, even so we also
should walk in newness of life.　(KJV, Romans 6: 4)
（私たちは，キリストの死にあずかるバプテスマによって，
キリストとともに葬られたのです。それは，ちょうどキリ
ストが御父の栄光によって死者の中からよみがえられたよ
うに，私たちも，新しいいのちに歩むためです）

b.　We were buried therefore with him through baptism
to death, that just like Christ was raised from the
dead through the glory of the Father, so we also
might walk in newness of life.　(World English Bible)

OED Online（s.v. *like*, conj. 1）は，like の接続詞としての用
法，すなわち，like as や as と同じ意味を表す like の用法につ
いて，「後期中英語以来確立した用法となっているにもかかわら
ず，19 世紀および 20 世紀の間は，語法に厳しい作家や規範文法
家たちによる非難の対象となることがしばしば見られた」と述べ，
また，*OED* の前身である *A New English Dictionary on Histor-
ical Principles*（1903）に見られる記述として，「最近の名だたる

多くの作家たちによる使用例が見いだされるかもしれないにもかかわらず，今日では（すなわち，1903年当時），卑俗でぞんざいな感じの用法であるとして，一般的には非難される語法」であるとのコメントを紹介している。このことは，特に，上に挙げたような英語訳聖書などに見られる使用例があることを知れば，大変興味深い現象であるように思えてくるかもしれない。このような，過去の使用例などのことも取り入れた，注意深いコメントとしては，*The Random House Dictionary of the English Language*, 2nd ed. による次のような趣旨の説明（s.v. *like,* Usage）が有益であろう。すなわち，「この用法は過去500年近く，多くの著名な文学者や知識人により用いられてきたが，19世紀中頃以降は，その用法に対する，時には激しいとも言える批判の声が聞かれるようになった。しかしながら，今日では，最も形式張った話し言葉や書き言葉（その場合は，as, as if, as though などを代わりに用いる）を除けば，幅広く用いられている。」

なお，現代英語において，like … so の構文の使用例が少ない理由としては，次のようなことが考えられるであろう。すなわち，as … so をはじめとするこの種の相関接続詞による構文が，一般的に文語体に属するのに対し，like の後ろに節の形が続く構文は口語体に属すると考えられるので，like … so の構文自体には，文語・口語の特徴が混在するという文体上の不一致が生じるためであると思われる。

ところで，KJV には使用例を見いだすことのできない変種の一つである like … so の構文の例は，*OED Online*（s.v. *like*, conj.）に1487の初出例のほか，下記（18a, b）を含む3例を見いだすことができる（ただし，ここでは，so の後ろの部分が述

部の欠けた表現となっているものは取り上げないこととする)。

(18) a. 1609 W. Shakespeare *Pericles* i. 205

Like an arrow shot from a well experienst Archer
hits the marke his eye doth leuell at: so thou neuer
returne vnlesse thou say Pericles is dead.

(上手の手から放たれた矢が狙った的を射当てるように,必
ず「ペリクリーズは死にました」と復命するのだぞ,それ
まではもどるな)(小田島雄志訳)

b. 2011 independentclauses.com 30 May (*O.E.D.*
Archive)

Like Dylan went, so goes Mynx; there's a lot more
instrumentation here.

(ディランが出立したのと同じく,ミンクスもまた出発する。
ここでは,さらなる人脈が確保できる)

以上観察した just as ... so ... 構文とその変種について見られ
る特徴は,これらの構文に限ったことではなく,いろいろな言語
表現に関しても言えることであろう。これを広く文法一般に当て
はめて考えようとする場合,有益な助言を与えてくれるのは,梶
田(1985)による次のような指摘である。まず「文法の拡張」に
ついて,梶田は次のように説明する。

英語のどの構文を見ても,その構文の基本形とおぼしきも
ののほかに,派生形と思われる変種がかならず出てくる。
そのような変種は,数も多く,種類も実にさまざまで,一
見したところ,変種のありかたについてはなにも制約がな

いのかと思われるくらいである。しかし実際には，まった
く自由にどんな変種でもありうるというわけではない。変
種の種類と分布はそれほど無秩序なものではなく，そこに
はかなりの法則性が認められる。特に，基本形の特徴と変
種の特徴とのあいだに相関があって，どのような基本形が
すでに存在しているときに，どのような変種があらたに可
能になるかということが，あらかじめ定まっているものと
考えられる。基本形から変種を派生させながら文法を拡張
させていく仕組みがあって，その仕組みの働き方が，ある
一定の法則によって支配されているらしい。その法則とは
どのようなものか。これを明らかにしていくことは，言語
学の重要な課題の一つといってよい。(p. 38)

　これはきわめて斬新で重要な指摘であり，梶田の唱える「動的
文法理論 (dynamic model of syntax)」(Kajita (1977), 梶田 (2002)
参照) の基本的アイデア[2] を述べた部分であるとも言える。私た
ちがこの章で取り上げた話題とも密接に関係することは明らかで

---

　[2] 梶田の唱える「動的文法理論」とそれ以前の文法理論との大きな違いを端
的に指摘したものとして，大室 (2020: 106) からの下記引用箇所が参考にな
るであろう。

　　チョムスキーやその他の理論言語学者は「可能な文法」を定義する際に，
　　もっぱら大人の文法の形式特徴のみを見て定義し，言語習得の途中の
　　段階において何が起こりえるのかに言及して，「可能な文法」を定義す
　　ることはない。この意味で彼らの文法理論は「静的」である。対照的に
　　梶田は，「可能な文法」を定義する際に，言語習得のある段階から次の
　　段階への移行の可能性に言及することによって「可能な文法」を定義す
　　べきであると強く主張する。この意味で彼の文法理論は，「動的」と言
　　える。

あろう。次に引き続き引用する梶田の指摘も，説得力を持って受け取られるに違いない。

　　　　変種の派生は 1 回限りの過程ではない。基本形からある
　　　変種が生じると，その変種がもとになって別の変種がで
　　　き，さらにそれにもとづいてつぎの変種ができる，という
　　　ふうに，何段階にもわたって変種の誕生が続いていくこと
　　　もある。[...]
　　　　いくつもの中間段階を経て生じた変種は，基本形からか
　　　けはなれたきわめて特殊なものになることもある [...]。そ
　　　のような特殊な変種の存在を説明するには，基本形からの
　　　派生過程という視点からこれを見ることが不可欠である。
　　　基本形も変種もすべてを同列に置いて考えたのでは，可能
　　　な変種と不可能な変種を正しく区別することはできない。

　梶田の動的文法理論のアイデアは，注 2 に紹介したような言語習得の場合だけを対象に考えられたものではなく，上に引用した彼の「文法の拡張」についての説明からも理解できるように，広く「言語変化」の現象についても当てはまる奥行きの広いものの見方であると言える。この章で取り上げた一連の構文の中に見られる言語変化・発達の現象は，梶田の動的文法理論のアイデアを実証する有力な言語データの一つになるに違いない。

　なお，この章でのテーマである just as ... so ... 構文とその変種についての解説は，梶田の言う「基本形からの派生過程」の視点を厳密に当てはめたものとは言えないかもしれないが，今後の更なる文法研究に向けての一つのサンプルを提供しているとは言えるであろう。

第 17 章　時制と「時制の一致」

　時の流れを「過去から現在を経て未来へ」と流れていく川にた
とえることがある。私たちが用いることばによる表現の中で，過
去・現在・未来のうち，どの時点での出来事や事柄なのかを区別
して表す必要があるときに重要となるのが，「時制（Tense）」と
呼ばれる，文法上の時の表し方についての仕組みである。過去・
現在などの時（time）の区別は，文法の中では，Past や Present
など，時制を表す抽象的な要素（時制要素）によって表される。
たとえば，動詞 go の現在形 go(es) および過去形 went は，そ
れぞれ，'go + Present' および 'go + Past' のように表すことがで
きる。このように，時制要素はふつう動詞や助動詞と合体される
形で用いられ，スペリングや発音の上では，-(e)s, -ed のよう
な接尾辞の形で現れることが多いが，動詞によっては，過去形動
詞 went のように，接尾辞の形を取らない不規則に見えるものも

ある。[1]

　以下，時制に関する事項で，特に気をつけなければならないものをいくつか取り上げてみよう。まず，ことばに現れる時制の違いが，私たちがふつう感じている時の流れに関する「過去」や「現在」などの区別と必ずしも一致しないことがある，すなわち，「見かけ上の過去形・現在形」となっている場合があるという事実である。（以下の解説や例文は，おおむね千葉（2018）に基づいているが，例文の出典などの詳しい情報の中には，ここでは省略されているものがある。）

　たとえば，下記例文の下線部の過去形動詞は，いずれも文法上は‘Verb＋Past’と分析できるが，意味内容の上からは，ある過去の時点における出来事だけを表すわけではない。すなわち，そこに挙げた日本語訳からもうかがわれるように，下記例文（1a,

---

[1]　will go のように，未来を表す助動詞 will と動詞 go を一緒にしたものを「go の未来形」と呼ぶことがあるが，次に示すフランス語の場合とは異なり，不正確な言い方であることがわかるであろう。すなわち，フランス語などの場合は，未来時制（Future）を動詞と合体させることにより，Future の部分が-rai／-ras／-ra／-rons／-rez／-ront など，未来を表す接尾辞として現れる「未来形動詞」と呼べるものが，現在形動詞，過去形動詞とは別に存在する。たとえば，動詞 manger ‘eat’ の（単純）未来形は，主語の人称・数の違いに応じて je mangerai ‘I will eat’, tu mangeras ‘you will eat’, il／elle mangera ‘he／she will eat’, etc. のように変化する。それに対し，英語の場合は，未来形と呼べるような動詞が，現在形動詞や過去形動詞とは別に存在しないので，代わりに，will eat のように，助動詞を補助的に用いたり，We come back next week. のように，現在形動詞と未来時を表す副詞(句)を組み合わせるなどの方法により，未来時制を表現する仕組みになっている。will go を時制要素を取り入れて表すと，［will＋Present］＋go のようになる。すなわち，［助動詞 will の現在形］と［時制を持たない原形動詞 go］による複合体と捉えることができるので，will go は，時制としては「現在時制」の表現であることになる。

b）は，過去・現在に限定されない一般的真理を表す諺の一つとして解釈でき，また（2a, b）は，現在の相手の気持ちを丁寧に尋ねたり，現在の自分の意向を相手に丁寧に伝えたいときの言語表現として解釈できるからである。

(1) a. Men were deceivers ever.

（男心は変わりやすいが常だ）

b. Faint heart never won fair lady.

（弱気が美人を得たためしはない）

(2) a. Did you want cream with your coffee, sir?

（コーヒーにクリームお入れいたしましょうか）

b. I was hoping we could have dinner together.

（ひょっとして，夕食をご一緒できないかと思いまして …）

同じように，表面上は過去形動詞が用いられているが，意味内容の上では，これからの予定として起こる事柄を表す次のような用法もある。

(3) a. "What day were you going to Bristol?"

（= What day did you say you were going to Bristol?）

b. "Was it on Thursday or Friday you were going to Bristol?"

このような英語の表現は，相手の今後の予定について，それを聞き直したり確かめたりする場面などで用いられる。日本語にも，「ブリストルにいらっしゃるのはいつでしたっけ」のように，同じような用法が見られる。

　新聞記事の見出しや冒頭部分では，次の例文（4）のように，逆に，過去に起きた事柄でも現在形で表すことがよく見られる。

(4)　Five people <u>die</u> after an attacker <u>stabs</u> a police officer and <u>kills</u> three other people in Westminster in what the PM <u>calls</u> a "sick and depraved" terror act. （BBC NEWS, 23 March 2017 <BBC.com>）

（「病的で堕落したテロ行為」と首相の称するウェスミンスターでの事件で，警官1人が暴漢に刺され，3人が殺害され，計5人が死亡）

　また，過去の事柄を，目の前で今起こっていることのように生き生きと表す手法としても，同じような用法が用いられることがある。これを「歴史的現在（historic present）」「劇的現在（dramatic present）」などと呼ぶ（例文（5a, b）は Zandvoort (1975: 60) より）。

(5)　a.　He <u>enters</u> the room, <u>seizes</u> the burning object, and <u>flings</u> it out of the window. The next moment …

（彼は部屋に入ると，その火のついた物を掴み，窓の外に放り投げる。次の瞬間 …）

　　　b.　"No," he <u>says</u>, "I don't think I can help you."

（「残念ながら」と彼は言う。「力にはなれないと思う」）

　このような「見かけ上の過去形・現在形」の生じる別の場合として，「時制の一致」を取り上げることができる。これはまた，日英語において，時制の表し方に違いの見られる例の一つでもある。世界の言語の中には，時制の一致の規則を持つ言語と持たな

い言語があるが，英語は前者，日本語は後者のグループに属することが知られている。次の例文を見てみよう。

(6) a. John said, "Mary is sick."
（「メアリーは病気だ」とジョンは言った）

 b. He thought: "I saw her on Tuesday."
（「自分は火曜日に彼女の姿を見たんだ」と彼は心の中で思った）

(7) a. John said that Mary was sick.
（メアリーは病気だとジョンは言った）

 b. He thought that he had seen her on Tuesday.
（彼は火曜日に彼女の姿を見たと思った）

英語では，(6a, b) のように，主節の動詞が過去時制である直接話法の文を，それぞれ (7a, b) のように，間接話法の文で表現するときには，その過去時制が引き金となり，従属節の現在動詞は過去動詞に，また過去動詞は過去完了動詞へと，それぞれ過去に向かって時制を一つずつ変化させるということがふつうよく行われる。このような現象を「時制の一致 (sequence of Tense)」と呼ぶ。一方，時制の一致の現象が見られない日本語の場合には，(6)，(7) の日本語訳に見るように，そのような時制の変化はふつう生じない。

(7a) のような英語の文の解釈として，「メアリーは病気だったとジョンは言った」というような日本語訳を考えるという誤りが，日本人英語学習者にはよく見られる。このような日本文は，英語の文 (7a) に対応するものではなく，むしろ，英語の John said, "Mary was sick." あるいは John said that Mary had been sick.

に対応する表現であるということに注意する必要がある。[2]

なお，時制の一致により従属節の現在時制が表面上過去時制として現れるのは，「状態を表す場合」という条件があるので，次の例文に見るような，ふつう状態を表さない過去形動詞 failed / died / drank の場合は，時制の一致によるものではなく，元からの過去形であるとみなされる。

(8) a. Mary found out that John <u>failed</u> the test.

b. The gardener said that the roses <u>died</u>.

c. Sally thought that John <u>drank</u> the beer.

したがって，このような文の場合には，そのまま日本語の過去形動詞を当てはめて訳せば正解となるので，上に指摘したような誤りはふつう生じないと思われる。ただし，このような条件があることを知らない英語学習者の場合は，時制の一致に過剰反応した結果，たとえば，(8c) の意味を「サリーはジョンがビールを飲む（だろう）と思った」のように誤って解釈する可能性があるかもしれないので気をつけたい。[3]

---

[2] 英語母語話者の中には，(7a) のように，従属節の動詞が過去完了形ではなく過去形のままで，もともと過去形であったような解釈が可能だとの反応を示す人もいるようである（もしそのような解釈が許されるとした場合には，上で「誤り」として指摘した日本人英語学習者による解釈も完全な誤りとは言えないことになるが，ただし，そのような解釈だけしか思いつかないという点において，日本人英語学習者は間違っていることになる）。一方では，the day before（その前日）のような副詞的表現を伴わない限り，あるいは，過去完了形の動詞にしない限り，そのような解釈は無理であろうとの反応をする英語母語話者も多いようである。時制の表し方には，部分的に個人差が見られることになる。

[3] 「状態を表す」という条件は，本文中の例文 (7a) に見るような be 動詞

152

　次に取り上げるのは，時制の一致に従うことなく，そのまま元の現在時制の使用が可能となるような場合があるということについてである。大きく分けて，次のような三つの場合が考えられる。すなわち，① 発話者が，問題となっている命題が真であると信じている場合，② 発話者自身が，問題となっている命題が表す状況に現時点で深くかかわりがある場合，③ 問題となっている命題によって表されている事態・状況がまだ未定の状態である場合の三つである。(「命題」というのは，文の表す意味内容のことである。) いずれの場合も，大雑把に言って，従属節で取り上げられている事柄が，文の発話時点においても，依然として成

（および，それに類する状態動詞）の場合だけでなく，次の例文 (ia, b) に見るような一般動詞の場合にも満たされることがあるということを付け加えておこう。

(i) a. Tim claimed that Bill lived in Hells Kitchen.
　　　（ティムはビルがニューヨークのヘルズ・キッチンに {住んでいる／住んでいた} と主張した）

　b. John said that the train left at 4.50.
　　　（その列車は 4 時 50 分に {発車する／発車した} とジョンは言った）

すなわち，下線部は，日本語訳「ビルが〜に住んでいる」「その列車は〜に発車する」からわかるように，「現在の状況・状態」や「いつも見られる習慣・事実」を表すものとしての解釈も可能である。したがって，その場合の過去時制は，時制の一致によるものということになる。それに対して，もう一方の解釈をした場合の過去時制は，もともとの過去時制，すなわち，文字どおりの過去時制ということになる。このように，例文 (ia, b) は，時制に関して二つの異なる解釈が可能な曖昧文であるということになる。

　なお，(ia, b) のような文の従属節が「もともとの過去時制」としての解釈をも許すということから，次のような重要な事柄も学習できることになる。すなわち，もともとの過去時制は，時制の一致によりいつでも過去完了の表現になるわけではない，ということである（注 2 参照）。

り立つような事柄となっていると言えるであろう。

　まず，①　の場合の例としては，次のような例文を挙げること
ができる。

(9) a. We learnt at school that 2 and 2 is 4.

　　　（私たちは，2 足す 2 が 4 であることを習いました）

b. The ancients did not know that Africa is an island.

　　　（古代人たちは，アフリカが島だとは知らなかった）

(10) a. John said that Mary is pregnant.

　　　（ジョンは，メアリーが妊娠していると言った）

b. Julia testified that her husband is insane.

　　　（ジュリアは，夫が気が狂っていると証言した）

(11) a. He told me this morning that he is going (or will go) with us tomorrow.

　　　（今朝彼が私に告げたのは，明日我々と一緒に出かけるということだった）

b. President Donald Trump said Thursday that the United States will withdraw from the landmark Paris climate agreement.

　　　（トランプ大統領は木曜日，アメリカが画期的なパリ環境協定から脱退すると述べた）

　上の例文のうち特に (9a) のような例は，「不変の真理」を表す場合として挙げられることが多いが，ここに示した他の例の場合には，そのような説明は当てはまらないので，むしろ，「現時点でも真である（と発話者が信じている）」という場合に該当すると捉えたほうがよいと思われる。（例文 (11a, b) の will (go/

withdraw）が現在時制であることについては，注 1 参照。）

　次に，② の場合，すなわち，「発話者自身が，問題となっている命題が表す状況に現時点で深くかかわりがある場合」を示す例としては，下の例文（12a, b）がそれに該当する。特に，時制の一致の見られる（13a, b）の例文と比較することにより，その違いが明らかになるであろう。

(12) a.　The doctor told me that my blood group is B.

　　　　　（私の血液型は B だと医者が教えてくれた）

　　 b.　John told me last night I am the prettiest girl he has ever met.

　　　　　（ジョンが昨晩私に告げて言うには，私は彼がこれまで会った中で最も綺麗な少女だとのことである）

(13) a.　The doctor told Mrs Smith her blood group was B.

　　 b.　I told Clara last night she was the prettiest girl I had ever met.

　すなわち，（12a, b）は，発話者自身について，血液型がどうであるとか，綺麗な少女であるとかを話題にしているのに対し，（13a, b）はそうではないという違いが見られる。このような事実を指摘している Blackstone（1962）によると，（13a, b）の下線部の動詞を現在時制に変えると，元の文と比べて，文法性の劣った文（不自然な文）になるとのことである。

　時制の一致に従わない場合の三つ目，すなわち，「問題となっている命題によって表されている事態・状況がまだ未定の状態である場合」の例としては，次のようなものを考えればよいであろう。

(14) a.　The poll also found the city split along racial lines
　　　　 when voters were asked if Boston is a racist city.
　　　　 (ボストンは人種差別の都市であると思うかどうかの質問に
　　　　 関する世論調査の結果，投票者の人種の違いに応じて意見
　　　　 が別れることも判明した)

　　 b.　And the Supreme Court said it would consider
　　　　 whether gerrymandering in Wisconsin violates the
　　　　 Constitution—a focal issue across the country.
　　　　 (最高裁判所は，国中の争点の一つとなっている，ウィスコ
　　　　 ンシン州の選挙区改変が憲法違反に当たるがどうかの裁定
　　　　 にこれから入ることを公表した)

　上の例文の if 節および whether 節は，いずれも，これから裁
定・判断が下される事柄を表しているので，発話の時点では，ま
だ未定事項であると言える。なお，例文 (14b) の would は，こ
こでは，時制の一致に従った過去時制となっているが，この文の
発話時点においても，「裁定に入るかどうか」が依然として未定
の状態である (すなわち，今なお "will consider" の状態のまま
である) ことを明示したいと思われるような場合には，would
consider の代わりに，現在時制の will consider (注1参照) を用
いることがある。次の例文 (15a, b) に見る will／would の違い
も同じように説明できることになる。

(15) a.　John said that Harry believed that Frank would be
　　　　 here.

　　 b.　John said that Harry believed that Frank will be
　　　　 here.

　すなわち，would を用いた（15a）の場合は，この文の発話時において，フランクがすでにここに到着している可能性があるが，will を用いた（15b）の場合はそうではなく，フランクが現れるのは，まだこれから先のことであると推測される。

　これまで見てきたように，時制の一致に従わない例は，単に「不変の真理」を表す場合以外にも，いくつかの場合を指摘することができることが理解できたことであろう。

　時制の一致の起こらない場合の一つとして，下記例文（16）のような仮定法過去による表現が取り上げられることがある。

(16)　I should say that this book meets your requirements.
　　　（この本はあなたのご希望の条件にかなってますよ）

　このような場合，「仮定法過去は現在のことを表しているので，時の一致に従わない」というように説明することが考えられる。

　ただし，下記例文（17），（18）に見るように，仮定法過去の場合でも，時制の一致の現象が見られることも多いというのが事実のようである。

(17)　a.　Does it lead to anything? I should say it did!
　　　　　（そんなことして，何かいいことあるかね。ええ，ありますとも）

　　　b.　If we went, people would think we were mad.
　　　　　（もし私たちが行ったりしたら，正気の沙汰ではないと人に思われることだろう）

(18)　Dugwood:　What would you say if I told you I didn't want to do any chores round the house this weekend?

（ダグウッド：この週末は家の周りの仕事はいっさいしたくな
いと僕が言ったとしたら，どう言うだろうね，君は）

Blondie:　I'd say you were in the wrong house.

（ブロンディ：どこかいる家<ruby>家<rt>うち</rt></ruby>まちがってるんじゃないの，と言
いたいわね）

　このように，仮定法過去の場合にも，時制の一致に従うかどう
かの判断に個人差が見られるようである。

　一方，仮定法現在の場合には，主節の動詞の時制が現在・過去
のいずれであっても，従属節の仮定法現在をそのまま用いるとい
うことに関しては，個人差が見られない。次の例文参照。

(19) a.　The speaker demands / demanded that the listeners
be quiet.

　　　（聴衆が静粛にするようにと講演者は要求している／要求し
た）

　　b.　It is / was essential that the patient be operated on
as soon as possible.

　　　（その患者ができるだけ早くに手術を受けることが絶対に必
要である／必要だった）

　なお，上で取り上げた ①, ②, ③ の三つの場合以外にも，時制
の一致に従わない可能性のある場合があることが知られている
が，詳しくは千葉 (2018) 参照。

　上に指摘した ①, ②, ③ の三つの場合のうち，特に ①, ② の
場合は，発話時点においても，依然として成り立つような事柄が
話題となっている，というようにまとめることができるであろ

158

う。(一方，③ の場合は，すでに上で指摘したように，「依然と
して成り立つ」と言うより「依然として未定の状態である」と言
うのが適切であろう。)「発話時点においても，依然として成り立
つ」のであるのなら，「問題となっている過去の時点においても
また成り立っていた」はずである。事実，時制の一致に従わない
で，従属節が現在時制のままとなっているような文の中には，話
題となっている事柄が，過去の時点と発話時点の両方の時点にお
いて共に成り立つような意味解釈を持つものが多いと言える。

　以下，このことについて，もう少し詳しく説明するために，次
のような例文をモデルにして考えてみよう（記号 # は，語用論
的に不自然な文，すなわち，現実世界のことを考えると，不自然
な意味内容を持った文であると判断されることを表す）。

(20) a.　Two days ago John claimed that Mary is pregnant.

　　 b.　Two days ago John claimed that Mary was preg-
　　　　nant.

　　 c.　#Two years ago John claimed that Mary is pregnant.

　　 d.　Two years ago John claimed that Mary was preg-
　　　　nant.

　(20a) のような文について重要な点は，「時制の一致の例外」
であるとの説明だけでは，十分に伝わらないような興味ある特徴
が見られるということである。すなわち，(20a) の文には，(i)
「メアリーが妊娠していると二日前にジョンが主張した」という
意味と，(ii)「メアリーは今妊娠中だ」という意味の両方の情報
が盛り込まれている，ということに注意したい。このようなこと
がどうして可能になるのかと言うと，それは次のような理由によ

る。つまり，この文の従属節の部分 Mary is pregnant は，まず主節の部分との関係から，ジョンの発話内容を伝える部分として解釈される（上記 (i) の解釈）だけでなく，主節とは独立して，この文の話し手自身による発話内容の一部としても解釈される（上記 (ii) の解釈）という性質を持っているからである。言葉を変えて言うと，Mary is pregnant の部分が，文の意味解釈のために「2 回にわたって利用されている」ことになるであろう。このような「二重アクセス（double access）」による解釈・読みのことを「二重アクセス読み（double access reading, DAR）」と呼ぶことがある。このように，(20a) のような文は，時制の一致の見られる (20b) のような文とは異なり，二重アクセス読みが可能となる文であるということを指摘することができる。[4]

　したがって，このような事実を十分に反映させた (20a) の日本語訳としては，「メアリーが妊娠していると二日前にジョンは主張したのだが，確かに，彼女は今妊娠中である」というようなものが考えられることになる。さらに，このことより，(20c) に挙げたような文の場合には，「彼女は今妊娠中である」というこ

---

　[4] すでに見たように，本文中の例文 (7a) [= John said that Mary was sick.] や注 3 の例文 (ia) [= Tim claimed that Bill lived in Hells Kitchen.] のような場合もまた，二つの異なる意味解釈が可能となる例であると言える（注 2, 3 参照）が，二重アクセス読みが可能となる文の場合とは異なる点があることに注意したい。すなわち，前者の場合には，コンテクストなどの手がかりが与えられない限り，二つの解釈のいずれの情報を伝えようとした文なのかを読み手（聞き手）は決めかねるので，これらの文は時制に関し曖昧文となると言えるが，後者の場合には，同じような意味で曖昧文となるというのではなく，その二つの解釈が一つの文の中に同時に含まれていて，それぞれが文全体の意味を構成していることになる。したがって，二重アクセス読みの場合は，普通の意味での「曖昧文」とは言えないということになる。

とが発話時点ではもう当てはまらないと通常考えられるので，このような文は不適切な表現となるということも理解できるであろう。ただし，Mary が（妊娠期間が 2 年以上に及ぶことのある）象のことを指しているのであれば，この文は自然な文であると解釈されることになるであろう。一方，時制の一致の見られる例文(20d) は，「今も妊娠している」というような読みは含まれていないので，問題のない文であるということになる。

　以上，時制の一致を中心に，「時制を表す文法上の仕組み」の一部について解説したが，この仕組みについては，まだわからない部分もいろいろあるので，ことばの持つ不思議な世界を探ろうとする私たちの好奇心もますます高まることになるであろう。

　最後に，時制の用い方に関し，日英語の違いが見られる場合の例の一つとして，英語では，耳にする音の種類の違いを時制の違いから推測できるような場合がある，という事実を紹介してみたい。

　たとえば，近くで（外で）何か物音がするのに驚いた場合，日本語で「いったい何だあの物音は！」のように言うところを，英語では，物音の種類によって，"What is that?" と "What was that?" のように，現在時制と過去時制を使い分けるようである。すなわち，前者は「うーん，うーん」(groan, groan)（という唸り声）や「ゴロゴロ」(rumble)（と岩がくずれ落ちる音）のような「継続音 (continuous sounds)」の場合，後者は「バーン」(bang)（というピストルの音）や「ドサッ」(thud)（と大きなものが落ちてきたときの音）のような「瞬間的な音 (instantaneous sounds)」の場合に用いるようである（千葉・村杉 (1987: 130–132) 参照））。日本語で，「あれは（今のは）なんだった（の）？」と言う

と，英語の場合とは異なり，とっさの驚きの表現とは受け取りにくくなるであろう。このように，英語の場合は，たとえば，物語の中で登場人物が用いている be 動詞の時制の違いから，その人は今どういう種類の音を聞いたのかを大雑把なりとも読者は推測できると言えるであろう。

第 18 章　日英語指示詞の用法の違い

　英語の指示詞 this / that と日本語の指示詞「これ／それ（あれ）」の用法の違いが見られる典型的な例は，英語の場合，手に持っているもの，手で触れているものを指示詞 that で表現することができるという事実である。

　(1) a.　［手に持った物を相手に示しながら］
　　　　　　"Look at that."（これ見て）
　　　b.　［渡された写真を手にしながら］
　　　　　　"Where did you get that?"（どこでこれを？）
　　　c.　［手にしたソーダーポップの瓶を眺めながら，独り言を言う］
　　　　　　"Still a little soda pop left in that bottle."
　　　　　　（この瓶の中にはソーダーポップがまだ少し残っているな）

　自分の足で触れているものを指すのに，英語で that を用いる場合の例としては，次のようなものを挙げることができる。

(2)　［ベッドの中で湯たんぽを足で触れながら］

"Mmm, boy … does that ever feel good on my toot-sies!"

（あーあ，あんよのこの湯たんぽ，なんと気持ちがいいことよ）

同じような用法が，場所を表す there の場合にも見られる。

(3)　a.　［なくした鍵を探しながら，脱いだズボンを逆さにして振りながら］

"It's not there!"（あ，ここにもないや）

b.　［署名すべき箇所を指で触りながら］

"Sign there and there."

（こことここに署名をお願いします）

日本語では，このような場合，手や足で触れている物や場所を指すのに，「それ（あれ）」「そこ（あそこ）」を用いることはできないので，特に注意が必要である。日本語では，手や足で触れている物は体の一部のように感じられるのかもしれない。これは，「触覚」に関する指示詞の場合であるが，同じような日英語の違いが，次の例が示すように，「嗅覚」に関する指示詞の場合にも見られるようである。

(4)　a.　［異様な匂いがするで］

"What's that smell?"（この匂いは一体なんだ）

b.　［田舎に着いて，新鮮な空気に触れて］

"Take a breath of that air.　You never get air like that in New York."

（この空気を吸ってごらん。ニューヨークじゃ，こんなおい

しい空気は味わえないから）

　日本語では，「あの匂い」と言った場合，現在自分が感じている匂いを指すことはできず，過去に味わった匂いを回想的に，たとえば「あの香しい匂い，忘れられないなあ」のように用いた場合の表現と受け取られることになる。

　英語の指示詞 that が日本語の「この」に相当する別の場合として，in that order を取り上げることができる。すなわち，下記例文（5a-c）に見るように，文の中の言語表現 A and B によって示されている A と B の順序を問題にする場合，「ことばで表されているとおりの順番で」の意味を表したいとき，日本語では「この順で」と言えるが，英語では，in this order ではなく in that order となるのが普通である。

(5) a. In this play the actors who appear are Bill and Susan in *this/that order.

　　 b. 今度の芝居では，助三郎とおはんがこの順で舞台に現れることになっている。

　　 c. In this play the main characters appear in this order: first Bill, and then Susan.

　英語で in this order と言うと，例文（5c）が示すように，「これから言う順番，すなわち，A and B の順で」という意味になる。なお，（5c）のような場面において，日本語で用いる表現の場合も，これから説明しようとする順序を予告的に表す「この順で」を用いることになる。したがって，（5b）に用いられている「この順で」は，実は曖昧な表現であり，場面によっては，（5c）

のような用法の「すなわち，まず助三郎，ついでおはんが（ある
いは，その逆の順序）」の意味を表すことも可能であるというこ
とになる。

　ただし，日本語で「山田さん，鈴木さん，小川さん，その順で
お部屋にお入りください」のような待合室でのアナウンスの場合，
「この順で」とはならない（水光雅則氏の指摘による）。おそらく，
この場合は，問題の呼びかけの箇所は呼格（vocative）の用法と
なっていて，(5b) のような主語を表す用法（あるいは下の (6)
に示す目的語を示す）用法とは異なるために，そのような指示詞
の違いが生ずるのであろうと思われる（cf. 千葉 (2019b: 45)）。指
示詞とそれが指し示すものとの間に見られる文法的関係によって
は，水光氏の指摘する例のように「その順で」が用いられるとい
うことを示す他の例として，下の (7a, b) のような場合が考えら
れる。

(6)　議長は，案件5と案件8をこの順で取り上げた。

　　　　cf. 議長は，「偶数番目の案件を先に，奇数番目の案件
　　　　　　を後に」という前回の委員会での取り決めに従って，
　　　　　　残る二つの案件5と8をその順で取り上げた。

(7) a.　来年度の学会開催の会場候補として，津田塾大学と
　　　　立正大学の名が上がったので，今後，その順で会場
　　　　借用の可能性について検討することとなった。

　　 b.　[...] さらに，その前に，「丘の上で／としよりと／
　　　　子供と」という部分がありますが，これも，「としよ
　　　　りと子供が」という表現にすることができます。し
　　　　かし，[としよりと子供] がでは，最初からそれだけ

166

でまとまっているような印象を受けます。あえて，［としよりと］［子供と］と言うことで，それぞれを列挙して並べていくことになり，読者の頭の中には，その順番で［としより］［子供］が描かれていくことになるのではないでしょうか。（森山卓郎『表現を味わうための日本語文法』pp. 7-8，岩波書店，2002）

（ここで取り上げた指示詞の用法については，個人語（idiolect）や方言の違いがどのくらい見られるかなど，さらなる調査が必要かもしれない。）

　指示詞と代名詞にはよく似た用法があるので，代名詞の場合も取り入れて日英語の違いについて調べてみると，さらに複雑な様相を呈することになるが，ここでは，「日本語では指示詞が優先されるような場合にでも，英語では代名詞を用いることができる」という違いが見られる用法のことを説明しておきたい。すなわち，次に挙げる（8）の対話は，花屋で男が「妻のために花束を贈りたいのだが，何かいいものはないか」と尋ね，それに対し，花屋が「これはいかがですか」と（実はプラスチック製の花束を）男に見せる場面での二人のやりとりである。

(8)　A:　"I'd like to buy some flowers for my wife."
　　　B:　［花束を手にして相手に見せながら］
　　　　　Try these … They won't wilt and they never need watering."
　　　A:　［その花束を受け取って］
　　　　　"Sounds good … What do you call them?
　　　B:　"Plastic."

　このような場合，自分の手に持ったものを指示詞などの代名詞的表現で示そうとするとき，日本語では，代名詞ではなく指示詞用法の表現のほうを用いなければならないという特徴があるので，英語学習者にとって，代名詞の they や them を用いた例文 (8) のような英語表現の習熟には時間がかかるように思われるに違いない。次の例文 (9) も同じような用法の表現となっている。

　　(9)　［古着の整理をしながら，今では気に入らなくなった古着を両手にしながら］

　　　　　"I'll die if I ever see these again! I'm going to donate them all to the church bazaar!"

　　　　　（こんなもの二度と見たくないわ。こんなものみんな，教会のバザーに寄付しちゃおうと）

　次の例文の場合は，体の一部である自分の両腕のことを代名詞 them を用いて指しているのであるが，日本語では，指示詞「これ（ら）」や「この」を用いることになるであろう。

　　(10)　［暗闇の路地で「手を上げろ」と強盗にピストルを突きつけられた男が，両手をわずかに挙げながら悲痛な声で］

　　　　　"I can't get them any higher. My bursitis is acting up again."

　　　　　（この手はこれ以上上がらないんです。滑液嚢炎がまたぶり返したので）

以上解説したような指示詞の用法に関する日英語の違いについ

て，さらに詳しくは千葉・村杉 (1987)[1] 参照。

---

[1] そこには，けんか相手の頭をポカポカ殴りながら (ia) のように言ったり，驚きや落胆の気持ちを表す表現として (ib) のように that を用いたりするイデオム的表現のことなども触れられている。

  (i) a.   Take that! (これでもか／これでもくらえ)

       b. How do you like that!

           (こりゃまたどうしたことだ／たまげたな)

参 考 文 献

秋元実治（2020）『探偵小説の英語——後期近代英語の観点から』（言語・文化選書 86）開拓社，東京．

Akmajian, Adrian and Frank Heny (1975) *An Introduction to the Principles of Transformational Syntax*, MIT Press, Cambridge, MA.

Akmajian, Adrian, R. Demers, A. Farmer and R. Harnish, eds. (2010) *Linguistics: An Introduction to Language and Communication,* 6th. ed., MIT Press, Cambridge, MA.

Anderson, Deborah L. (2005) *The Acquisition of Tough-Movement in English*, Doctoral dissertation, University of Cambridge.

Anderson, Stephen R. (2005) *Aspects of the Theory of Clitics*, Oxford University Press, Oxford.

荒木一雄（編）（1996）『現代英語正誤辞典』研究社出版，東京．

荒木一雄・宇賀治正朋（1984）『英語史 IIIA』（英語学大系 第 10 巻），大修館書店，東京．

荒木一雄・安井稔（編）（1992）『現代英文法辞典』三省堂，東京．

安藤貞雄（2005）『現代英文法講義』開拓社，東京．

ベレント，エリック（Erich Berendt）（1979）『英語がうまくなる 100 日コース』（II）（Brush Up Your English II）（細井教生解説），朝日イブニングニュース社，東京．

Blackstone, Bernard (1962) *Indirect Speech: Its Principles and Practice*, Longmans, London.

Bouton, Lawrence F. (1982) "Stem Polarity and Tag Intonation in the Derivation of the Imperative Tag," *Papers from the Parasession on Nondeclaratives*, ed. by R. Schneider, K. Tuite and R. Chametzky, 23–42, Chicago Linguistic Society, Chicago.

Brunner, Karl (1962) *Die englische Sprache I und II: Ire geschichtliche Entwicklung*, 2nd ed., Max Niemeyer Verlag, Tübingen.［松浪

170

有ほか（訳）『英語発達史』大修館書店，東京，1973.]

Burchfield, Robert W., ed. (1996) *The New Fowler's Modern English Usage*, Clarendon Press, Oxford.

Burridge, Kate (2004) "Synopsis: Morphological and Syntactic Variation in the Pacific and Australasia," *A Handbook of Varieties of English, Vol. 2: Morphology and Syntax*, ed. by Bernd Kortmann et al., 1116–31, Mouton de Gruyter, Berlin.

Cattell, N. R. (1969) *The New English Grammar: A Descriptive Introduction,* MIT Press, Cambridge, MA.

Chiba, Shuji (1973) "On the Movement of Post-Copular NP's in English," *Studies in English Linguistics* 2, 1–17.

Chiba, Shuji (1987) *Present Subjunctives in Present-Day English*, Shinozaki Shorin, Tokyo.

千葉修司 (1971)「等位接続構造と代名詞化変形」『英語学』5, 57–72, 開拓社，東京.

千葉修司 (1977)「潜伏疑問文と WH 句の意味解釈について」『英文学研究』54, 1&2, 167–179.

千葉修司 (1998a)「非対格動詞の理論的研究と英語教育の接点」『津田塾大学紀要』30, 1–33.

千葉修司 (1998b)「英語の平叙疑問文と否定対極表現」『大妻女子大学文学部 30 周年記念論集』，大妻女子大学文学部 30 周年記念論集委員会（編），167–185.

千葉修司 (2006)「文法研究と学習英文法」『津田塾大学紀要』38, 15–46.

千葉修司 (2013)『英語の仮定法——仮定法現在を中心に』開拓社，東京.

千葉修司 (2018)『英語の時制の一致——時制の一致と「仮定法の伝播」』開拓社，東京.

千葉修司 (2019a)『英語 tough 構文の研究』開拓社，東京.

千葉修司 (2019b)「文法研究から学習英文法へ」『学問的知見を英語教育に活かす——理論と実践』，野村忠央ほか（編），31–56, 金星堂，東京.

千葉修司（近刊）『英文を正しく理解するための学習英文法のコツ』（一歩進める英語学習・研究ブックス），開拓社，東京.

千葉修司・村杉恵子（1987）「指示詞についての日英語の比較」『津田塾大学紀要』19, 111–153.

Chigchi, Bai（2017）*Synchronic and Diachronic Aspects of Adnominal Past Participles in English,* Doctoral dissertation, Nagoya University.

Chigchi, Bai（2018）"More on the Emergence of Prenominal Unaccusative Past Participles in the History of English," *JELS* 35, 197–203.

Chomsky, Noam（1957）*Syntactic Structures*, Mouton, The Hague.

Chomsky, Noam（1981）*Lectures on Government and Binding,* Foris, Dordrecht.

Cormack, Annabel（1998）*Definitions: Implications for Syntax, Semantics, and the Language of Thought*, Garland, New York.

Crystal, David（2010）*Begat: The King James Bible and the English Language*, Oxford University Press, Oxford.

Culicover, Peter W.（1993）"Evidence Against ECP Accounts of the *THAT-T* Effect," *Linguistic Inquiry* 24, 557–561.

Culicover, Peter W., Thomas Wasow and Adrian Akmajian, eds.（1977）*Formal Syntax*, Academic Press, New York.

Curme, George O.（1931）*Syntax,* D.C. Heath and Company, Boston.

Dancygier, Barbara and E. Sweetser（2005）*Mental Spaces in Grammar: Conditional Constructions,* Cambridge University Press, Cambridge.

Evans, Bergren and Cornelia Evans（1957）*A Dictionary of Contemporary American Usage*, Random House, New York.

Fetta, Michael S.（1974）*The Syntax of English Restrictive and Appositive Relative Clauses*, Doctoral dissertation, New York University. [Reproduced by University Microfilms International, Ann Arbor, MI.]

Fillmore, Charles（1990）"Epistemic Stance and Grammatical Form in English Conditional Sentences," *CLS* 26(1), 137–162.

Filppula, Markku（1999）*The Grammar of Irish English: Language in Hibernian Style*, Routledge, New York.

172

Fries, Charles C. (1940) *American English Grammar: The Grammatical Structure of Present-day American English with Especial Reference to Social Differences or Class Dialects*, Appleton-Century-Crofts, New York. [Rpt., 丸善, 東京.]

Grover, Claire (1995) *Rethinking Some Empty Categories: Missing Objects and Parasitic Gaps in HPSG*, Doctoral dissertation, University of Essex.

Haegeman, Liliane (2006) *Thinking Syntactically: A Guide to Argumentation and Analysis*, Blackwell, Oxford.

Halliday, Frank E. (1952) *A Shakespeare Companion 1550-1950*, Gerald Duckworth, London.

Hankamer, Jorge (1971) *Constraints on Deletion in Syntax*, Doctoral dissertation, Yale University.

Hickey, Raymond (2007) *Irish English: History and Present-Day Forms.* Cambridge University Press, Cambridge.

Hirakawa, Makiko (2003) *Unaccusativity in Second Language Japanese and English*, Hituzi Syobo, Tokyo.

Hornby, A. S. (1975) *Guide to Patterns and Usage in English*, 2nd ed., Oxford University Press, London.

Hornstein, Nobert, H. Lasnik, P. Patel-Grosz and C. Yang, eds. (2018) *Syntactic Structures After 60 Years: The Impact of the Chomskyan Revolution in Linguistics*, Mouton de Gruyter, Berlin.

Huddleston, Rodney D. (1971) *The Sentence in Written English: A Syntactic Study Based on an Analysis of Scientific Texts*, Cambridge University Press, Cambridge.

Huntley, Martin (1984) "The Semantics of English Imperatives," *Linguistics and Philosophy* 7, 103-133.

稲田俊明 (1988)「異なる範疇の等位接続 (1)-(2)」(英文法研究の最前線 ㊺. ㊻)『英語教育』11 月号, 70-72；12 月号, 66-68.

Jackendoff, Ray (1977) *X-bar Syntax: A Study of Phrase Structure*, MIT Press, Cambridge, MA.

Jacobsen, Bent (1986) *Modern Transformational Grammar*, North-Holland, Amsterdam.

Jacobson, Pauline (1992) "The Lexical Entailment Theory of Control and the Tough-Construction," *Lexical Matters*, ed. by Ivan A. Sag and Anna Szabolcsi, 269–299, Center for the Study of Language and Information, Stanford University, Stanford, CA.

James, Francis (1980) *Unified Theory of the English Subjunctive*, Doctoral dissertation, University of California, Berleley.

Jenkins, Lyle (2000) *Biolinguistics: Exploring the Biology of Language,* Cambridge University Press, Cambridge.

Jespersen, Otto (1927–40) *A Modern English Grammar on Historical Principles*, Part III, Carl Winters Universitätsbuchhandlung, Heidelberg 1927; Par V, George Allen and Unwin, London, 1940.

Jespersen, Otto (1933) *Essentials of English Grammar*, George Allen and Unwin, London.

Kajita, Masaru (1977) "Towards a Dynamic Model of Syntax," *Studies in English Linguistics* 5, 44–76.

梶田優 (1980) "Grammatical Notes" (B. H. Liddell Hart, *Why Don't We Learn from History?* の編注付き英語テキスト，pp. 84–92)，朝日出版，東京.

梶田優 (1985)「文法の拡張──基本形から変種へ」(英文法研究の最前線①)『英語教育』4月号，38–40.

梶田優 (2002)「言語類型論と動的文法理論」『上智大学言語学会会報』17, 154–158.

Keyser, Samuel J. and Paul M. Postal (1976) *Beginning English Grammar*, Harper and Row, New York.

北爪佐知子 (1992)「中間動詞の歴史的考察」ms., 近畿大学.

北爪佐知子 (1993)「中間動詞の意味論的考察」『近畿大学文芸学部論集』(文学・芸術・文化) 5(2), 219–236.

金水敏 (2003)『ヴァーチャル日本語　役割語の謎』岩波書店，東京.

金水敏編 (2014)『〈役割語〉小辞典』研究社，東京.

小西友七 (編) (1989)『英語基本形容詞・副詞辞典』研究社出版，東京.

河野継代 (2012)『英語の関係節』(開拓社叢書 21)，開拓社，東京.

Kuroda, S.-Y. (1969) "English Relativization and Certain Related Problems," *Modern Studies in English: Readings in Transforma-*

tional Grammar, ed. by David A. Reibel and Sanford A. Schane, 264–287, Prentice-Hall, Englewood Cliffs, NJ.

Leech, Geoffrey and Jan Svartvik (1994) *A Communicative Grammar of English*, 2nd ed., Longman, London and New York.

Levin, Beth and Malka Rappaport (1986) "The Formation of Adjectival Passives," *Linguistic Inquiry* 17, 623–661.

Long, Daniel (2011)「言語接触に見られる普遍性と個別性」*Conference Handbook* 29, 193–198, The English Linguistic Society of Japan.

McCawley, J. D. (1998) *The Syntactic Phenomena of English,* 2nd ed., University of Chicago Press, Chicago and London.

松浪有編 (1995)『英語の歴史』(テイクオフ英語学シリーズ 1), 大修館書店, 東京.

水野和穂 (2007)「BE/HAVE 完了構造における自動詞の収束と拡散」『英語青年』153(6), 364–367.

Mulder, Rene and Marcel den Dikken (1992) "Tough Parasitic Gaps," *NELS* 22, 303–317.

中島平三 (編) (2001)『[最新] 英語構文事典』大修館書店, 東京.

中尾俊夫 (児馬修・寺島迪子編) (2003)『変化する英語』ひつじ書房, 東京.

中村捷・金子義明・菊地朗 (1989)『生成文法の基礎 —— 原理とパラミターのアプローチ』研究社, 東京.

中村捷・金子義明・菊地朗 (2001)『生成文法の新展開 —— ミニマリスト・プログラム』研究社出版, 東京.

大塚高信 (1956)『英文法演義』研究社, 東京.

大室剛志 (2020)「〈講義概要〉構文イディオム化とその後の展開 —— One's Way 構文を中心に —— 」『津田塾大学言語文化研究報』35, 106–107.

Perlmutter, David M. (1978) "Impersonal Passives and the Unaccusative Hypothesis," *Proceedings of the Fourth Annual Meeting of the Berkeley Linguistics Society*, 157–189, University of California at Berkeley.

Pesetsky, David (1982) *Paths and Categories*, Doctoral dissertation, MIT.

Pollock, Jean-Yves (1989) "Verb Movement, Universal Grammar, and the Structure of IP," *Linguistic Inquiry* 20, 365–424.

Pope, Emily (1976) *Questions and Answers in English,* Mouton, The Hague.

Poutsma, Hendrik (1926) *A Grammar of Late Modern English*, Part II, Section II, P. Noordhoff, Groningen.

Progovac, Ljiljana (1994) *Negative and Positive Polarity: A Binding Approach*, Cambridge University Press, Cambridge.

Quirk, Randolph, S. Greenbaum, G. Leech and J. Svartvik (1972) *A Grammar of Contemporary English*, Longman, London.

Quirk, Randolph, S. Greenbaum, G. Leech and J. Svartvik (1985) *A Comprehensive Grammar of the English Language,* Longman, London.

Radford, Andrew (2009) *Analysing English Sentences: A Minimalist Approach*, Cambridge University Press, Cambridge.

Robinson, Fred C. (2005) "A Word-Lover's Career," *Medieval English Language Scholarship*, ed. by Akio Oizumi and Tadao Kubouchi, 179–193, Georg Olms Verlag, Hildesheim.

Rutherford, William (1997) *A Workbook in the Structure of English,* Blackwell, Oxford.

Rydén, Mats (1970) "Determiners and Relative Clauses," *English Studies* 51, 47–52.

Scheurweghs, Gustave (1959) *Present-Day English Syntax: A Survey of Sentence Patterns*, Longmans, London.

Selkirk, Lisa (1972) *The Phrase Phonology of English and French*, Doctoral dissertation, MIT. [Published by Garland, New York, 1980.]

Soames, Scott and D. M. Perlmutter (1979) *Syntactic Argumentation and the Structure of English*, University of California Press, Berkeley.

Song, Myoung Hyoun (2008) *A Corpus-based Analysis of the English Tough Construction*, Verlag Dr. Müller, Saarbrücken.

Stowell, Timothy (2008) "The English Konjunktiv II," *Time and Modality*, ed. by Jacqueline Guéron and Jacqueline Lecarme, 251–

272, Springer, Dordrecht.

Stockwell, Robert, P. Schachter and B. H. Partee (1973) *The Major Syntactic Structures of English*, Holt, Rinehart and Winston, New York.

鈴木右文 (2001)「命令文 (imperative)」中島 (2001), 125-139.

高見健一・久野暲 (2002)『日英語の自動詞構文』研究社, 東京.

竹林滋 (1996)『英語音声学』研究社, 東京.

Tibbert, R. D. (1969) *The Frequency of Sentence Complementation in Two Corpora of Spoken American English*, Xerox University Microfilms, Ann Arbor, Michigan.

Trotta, Joseph (2011) "Time, Tense and Aspect in Nonstandard English: An Overview," *Tid och tidsförhållanden i olika språk*, ed. by Christiane Andersen, A. Granberg and I. Söhrman, 139-158, University of Gothenburg, Göteborg.

Trudgill, Peter (2004) *Dialects*, 2nd ed., Routledge, London.

若田部博哉 (1985)『英語史 IIIB』(英語学大系 第 10 巻), 大修館書店, 東京.

渡辺登士ほか (編) (1977)『続・英語語法事典』大修館書店, 東京.

Weintraub, D. Kathryn (1970) *The Syntax of Some English Relative Clauses*, Doctoral dissertation, University of Chicago.

Wilder, Christopher (1991) "Tough Movement Constructions," *Linguistische Berichte* 132, 115-132.

Wilkinson, Robert W. (1976) "Modes of Predication and Implied Adverbial Complements," *Foundations of Language* 14, 153-194.

Wilson, Kenneth G. (1993) *The Columbia Guide to Standard American English*, Columbia University Press, New York.

安井稔 (編) (1987)『現代英文法事典』大修館書店, 東京.

吉村あき子 (1999)『否定極性現象』英宝社, 東京.

Zandvoort, R. W. (1975) *A Handbook of English Grammar*, 7th ed., Longmans, London.

Zwicky, Arnold M. and Geoffrey K. Pullum (1983) "Cliticization vs. Inflection: English *n't*," *Language* 59, 502-513.

1. 日本語は五十音順に並べた。英語（で始まるもの）はアルファ
　　ベット順で，最後に一括した。
2. ～は直前の見出し語を代用する。
3. 数字はページ数を表す。n は脚注を表す。

178

千葉　修司　（ちば　しゅうじ）

　1942 年福井県生まれ。1965 年東京教育大学文学部（英語学専攻）卒業。
1968 年同大学大学院修士課程（英語学専攻）修了。1970 年同大学院博士課程
（英語学専攻）中退。大妻女子大学専任講師，津田塾大学教授を経て，現在，
津田塾大学名誉教授。

　主な著書・論文：*Present Subjunctives in Present-Day English*（篠崎書林，
1987），"On Some Aspects of Multiple Wh Questions"（*Studies in English
Linguistics* 5, 1977），"On Transitive Verb Phrase Complementation in Eng-
lish"（*English Linguistics* 2, 1985），"Non-localizable Contextual Features:
Present Subjunctive in English"（H. Nakajima (ed.), *Current English Lin-
guistics in Japan*, Mouton de Gruyter, 1991），"Licensing Conditions for
Sentence Adverbials in English and Japanese"（S. Chiba et al. (eds.), *Em-
pirical and Theoretical Investigations into Language*, 開拓社, 2003），『英
語の仮定法 ── 仮定法現在を中心に ──』（開拓社，2013），『英語の時制の一
致 ── 時制の一致と「仮定法の伝播」──』（開拓社，2018），『英語 tough 構文
の研究』（開拓社，2019），など。

学習英文法拡充ファイル　　　　　　　＜開拓社　言語・文化選書88＞

2021 年 3 月 22 日　　第 1 版第 1 刷発行

著作者　　千 葉 修 司
発行者　　武 村 哲 司
印刷所　　日之出印刷株式会社

発行所　　株式会社　開 拓 社

〒112-0023 東京都文京区音羽1-22-16
電話　（03）5395-7101（代表）
振替　00160-8-39587
http://www.kaitakusha.co.jp